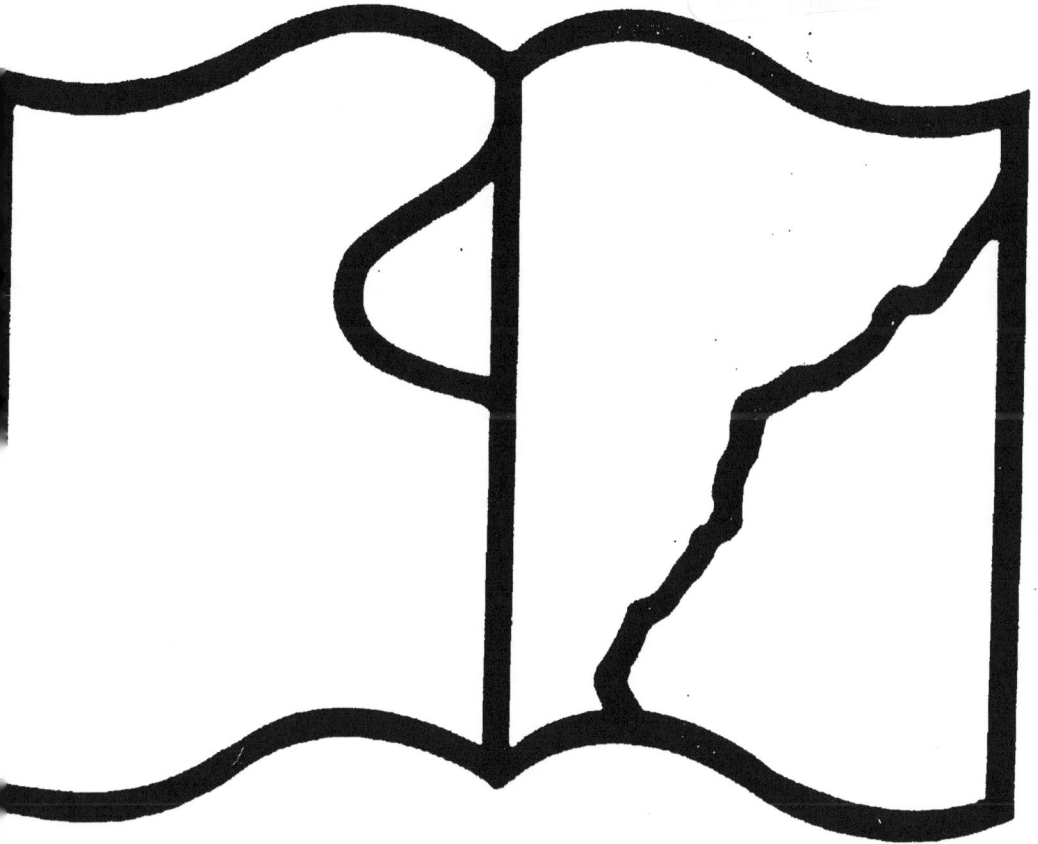

PAUL GAUCKLER

MEMBRE NON RÉSIDANT DU COMITÉ DES TRAVAUX HISTORIQUES
INSPECTEUR CHEF DU SERVICE BEYLICAL DES ANTIQUITÉS ET ARTS

L'Archéologie

DE LA

TUNISIE

AVEC 16 PLANCHES HORS TEXTE

BERGER-LEVRAULT ET Cie, ÉDITEURS

PARIS
5, RUE DES BEAUX-ARTS

NANCY
18, RUE DES GLACIS

1896

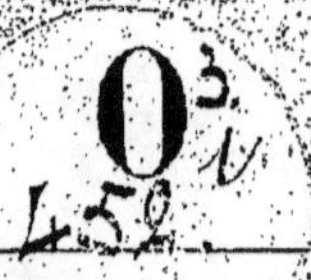

L'Archéologie

DE LA TUNISIE

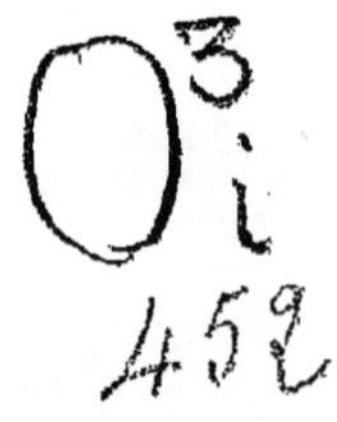

NANCY. — IMPRIMERIE BERGER-LEVRAULT ET Cie

PAUL GAUCKLER

MEMBRE NON RÉSIDANT DU COMITÉ DES TRAVAUX HISTORIQUES
INSPECTEUR CHEF DU SERVICE BEYLICAL DES ANTIQUITÉS ET ARTS

L'Archéologie

DE LA

TUNISIE

AVEC 16 PLANCHES HORS TEXTE

BERGER-LEVRAULT ET Cie, ÉDITEURS

PARIS | NANCY

5, RUE DES BEAUX-ARTS | 18, RUE DES GLACIS

1896

L'Archéologie[1]

DE LA TUNISIE

La Tunisie est par excellence le pays des ruines. Les vestiges du passé s'y montrent plus abondants, mieux conservés que partout ailleurs ; ils y prennent une valeur d'autant plus grande que le contraste est plus saisissant entre ce qui existe actuellement et ce qui a été, entre la misère présente et la splendeur des temps anciens.

Ce contraste, le touriste qui se borne à visiter les villes

1. Je me suis principalement servi, pour la rédaction de cette étude d'ensemble, des ouvrages d'archéologie tunisienne les plus récents. L'on me permettra de m'acquitter ici de la dette de reconnaissance que j'ai contractée envers leurs auteurs, en donnant la liste des travaux que j'ai le plus souvent mis à contribution, de ceux que l'on consultera avec le plus de fruit, si l'on désire entrer dans le détail des diverses questions que j'ai dû me borner à indiquer en peu de mots :

Gaston Boissier, *l'Afrique romaine*. Paris, 1895. — Paul Monceaux, *les Africains*. Paris, 1894. — René Cagnat, *Explorations épigraphiques et archéologiques en Tunisie*, 1882-1887 ; *l'Armée romaine d'Afrique*. Paris, 1893. — Saladin, *Rapports sur les missions accomplies en 1882-83 et en 1885*. Paris, 1887 et 1893. — Diehl, *Rapport sur deux missions archéologiques dans l'Afrique du Nord*, 1892-1893. — Les nombreux opuscules du P. Delattre, surtout *la Basilique de Damous-el-Karita*. — Les *Découvertes épigraphiques et archéologiques faites en Tunisie* (*région de Dougga*), Paris, 1895, du docteur Carton, et toutes les études de détail, du même auteur, notamment l'*Essai sur les travaux hydrauliques des Romains* publié dans le *Bulletin archéologique*, 1888. — M. du Coudray la Blanchère (René-Marie), *l'Aménagement de l'eau et l'installation rurale dans l'Afrique ancienne*. Paris, 1895. — Paul Bourde, *Rapport sur les cultures fruitières et en particulier sur la culture de l'olivier dans le centre de la Tunisie*. Tunis, 1893. — Toutain, *la Tunisie romaine et l'Afrique française*. Les Sables-d'Olonne, 1892. — *De Saturni dei in Africa romana cultu*. — *Les Cités romaines d'Afrique : essai sur l'histoire de la colonisation romaine dans l'Afrique du Nord*. Paris, 1896. Ces deux derniers ouvrages, thèses soutenues pour le doctorat en Sorbonne, ont paru au moment où cet article était déjà sous presse, par conséquent trop tard pour que j'aie pu en tirer grand profit : le lecteur y trouvera l'étude la plus complète qui ait encore été faite de la Tunisie romaine.

de la côte ne peut guère l'apercevoir. Tunis, Bizerte, Sousse font oublier Carthage, Hippone, Hadrumète, dont elles ont pris la place et pillé les ruines. Leur population bariolée, cosmopolite, absorbe l'attention et ne permet pas de songer à ceux qui ont vécu avant elle sur le même sol. Mais pour peu que le voyageur, après avoir parcouru la côte tunisienne, veuille examiner ce que cache ce premier décor si séduisant, le spectacle change bientôt.

A mesure que l'on s'avance dans l'intérieur du pays et que l'on s'éloigne des grandes artères, il semble que l'on remonte en même temps le cours des âges. La population européenne, dernière venue, disparaît la première ; les petites villes, construites au XVIIe siècle par les Maures chassés d'Espagne, les Andleuss, dans la région d'Utique, le cap Bon, la vallée de la Medjerda et le Sahel, s'espacent de plus en plus ; l'on a bientôt dépassé les dernières agglomérations urbaines des Arabes sédentaires, après quoi l'on ne trouve plus devant soi que des ravins sauvages dévastés par les oueds, ou de grandes plaines arides que l'Arabe nomade traverse sans s'arrêter.

Or, c'est précisément dans ces solitudes de la Tunisie centrale qu'apparaissent, à chaque pas, les ruines les plus grandioses. Ces régions d'où la vie semble s'être retirée à jamais étaient chargées jadis d'opulentes cités. Toutes ces villes mortes ont fleuri à la même époque : leur naissance coïncide avec l'établissement de la domination romaine en Afrique, leur apogée avec le temps de sa plus grande puissance, leur ruine avec son déclin. Cette évolution s'accomplit tout entière en quelques siècles ; elle n'a pas de lendemain ; rien ne la suit, rien ne la précède. C'est un brillant épisode entre deux néants.

Comment un tel phénomène a-t-il pu se produire ? L'histoire serait impuissante à nous l'expliquer, si l'archéologie ne venait à son aide. Les documents écrits ne nous font connaître qu'une face de la conquête de l'Afrique par les Romains, les victoires remportées par les armes sur les anciens maitres du pays. Mais ces autres victoires, moins brillantes et plus sûres, par lesquelles leurs ingénieurs ont triomphé de la nature hostile, les auteurs anciens ne s'en préoccupent guère. La conquête du sol, qui suivit celle des habitants, c'est sur le terrain même qu'il faut l'étudier ; à défaut de textes, l'étude archéologique des ruines nous apprend par quels moyens un peuple entreprenant, méthodique et tenace, établissant son pouvoir sur un pays où ses nationaux ne furent jamais qu'une petite minorité, réussit, à force de volonté et de persévérance, à le pénétrer tout entier de son influence morale et à le transformer matériellement au point de faire, de déserts qui ne pouvaient suffire à l'entretien de quelques nomades, l'une des contrées les plus riches, les plus populeuses du monde.

Ce n'est pas que les monuments archéologiques de la Tunisie doivent être tous attribués aux Romains ; beaucoup se rapportent aux civilisations antérieures à leur domination sur ce pays. Je m'abstiendrai cependant de les décrire ici en détail, et cela pour deux raisons. Ils ont, pour la plupart, été étudiés dans les chapitres de ce volume qui ont trait à la préhistoire et à Carthage ; puis, ils sont en général peu explicites, l'importance des renseignements qu'ils nous procurent n'étant guère en rapport avec leur abondance.

L'on éprouve souvent beaucoup de peine à les dater même approximativement, surtout en ce qui concerne les monuments dits préhistoriques.

Tel n'est pas le cas, sans doute, pour les gisements d'instruments paléolithiques, reconnus un peu partout, mais particulièrement dans les terrains d'alluvion des environs de Gafsa et dans la vallée de l'Oued-Baiech ; tous les silex taillés qu'on y a découverts, haches, couteaux, grattoirs, pointes de flèche, appartiennent sans conteste aux premières périodes de l'âge de la pierre. Mais les stations préhistoriques de Tunisie n'ont été encore, malgré les belles études de MM. Collignon et Bertholon, qu'imparfaitement explorées, et les pierres éclatées recueillies jusqu'ici ne présentent, même les plus typiques, qu'un intérêt médiocre.

Par contre, les monuments mégalithiques, *dolmens, menhirs, chouchets* et *basinas,* qu'on signale sur tous les points du territoire, appartiennent à diverses époques et se perpétuent à travers les âges en des types immuables que les descendants des populations primitives reproduisent encore à l'époque romaine. Il est impossible de tirer de leur étude des conclusions précises pour une période déterminée.

Une autre difficulté provient de ce que ces monuments sont souvent assez mal caractérisés ; l'on ne sait à quelle époque, à quelle population les attribuer ; ainsi, beaucoup de tombeaux, creusés dans le roc, peuvent aussi bien être l'œuvre d'envahisseurs carthaginois que de Berbères autochtones.

D'ailleurs, préhistoriques ou non, libyques, phéniciens ou liby-phéniciens, ces monuments n'ont qu'une valeur documentaire restreinte, et qui ne peut suffire : ils sont tous funéraires. Des peuples qui ont précédé les Romains en Tunisie, nous ne connaissons à proprement parler que les tombeaux.

Le fait n'a rien de surprenant en ce qui concerne les populations berbères primitives. Les nomades, qui composaient, jusqu'au IVe siècle avant notre ère, l'immense majorité des habitants du pays, ne laissent sur les terres qu'ils parcourent aucune trace de leur passage. La tombe est le seul lien qui les attache au sol, le seul monument durable qui perpétue leur souvenir. Elle les protège après la mort contre les injures des hommes et des fauves, elle assure à leurs restes ce repos éternel dont les populations primitives paraissent aussi désireuses que leurs descendants de l'époque romaine : *sit tibi terra levis : ossa tua bene quiescant*. Aussi son emplacement est-il toujours choisi avec un soin particulier.

La nécropole primitive s'étend le plus souvent aux abords d'une citadelle berbère qui couronne l'un de ces rochers à pic auxquels les Arabes donnent le nom de kef, tels que le kef Dougga, le kef Teboursouk, le Kef proprement dit : ces bastions naturels, abrupts et faciles à défendre, servent de lieux de refuge aux habitants qui circulent avec leurs troupeaux à travers le plat pays. C'est là que se dressent ces *cités* numides dont parle déjà Hérodote : on se les imagine aisément, présentant l'aspect peu monumental de nos villages indigènes, formées comme eux de gourbis en chaume et de masures en pisé, aux murs de cailloux et de boue. Ces constructions, essentiellement fragiles, disparaissent aussi rapidement qu'elles ont été construites. Rien d'étonnant à ce que nous n'en ayons conservé aucun vestige. Quand la ville indigène a eu pour héritière une cité romaine, son nom, du moins, subsiste, plus ou moins reconnaissable, comme celui de *Thugga*, du berbère *Toukka* (pâturages), et de toutes les villes qui commencent par la syllabe *Thu*. D'autres fois, la cité primitive a disparu sans laisser de traces, et la présence, dans ses environs, d'une nécropole mégalithique est le seul indice qu'elle ait existé.

La nécropole primitive occupe d'ordinaire un plateau rocheux, bordé de falaises escarpées qui protègent le champ du repos. La pierre nécessaire aux tombes se trouve à portée de la main, dans ces affleurements calcaires ou schisteux, aux plans de clivage horizontaux, qui se détachent en larges plaques, toutes préparées d'avance pour la construction des monuments mégalithiques.

Ces monuments se ressemblent tous d'ailleurs, malgré les variétés de leurs types. Les différences que l'on a essayé d'établir entre eux pour arriver à les classer sont purement formelles, sans valeur chronologique ou ethnologique. Dans toutes les nécropoles, pour peu que l'on prenne la peine de les étudier avec quelque attention, on retrouve pêle-mêle la série complète des monuments mégalithiques : la pierre levée ; la table sans piliers simplement posée sur le sol ; la table surplombant une saillie de rochers, reposant sur deux piliers comme un linteau de porte ; le dolmen formant chambre rectangulaire, entouré d'un mur, d'un tumulus, d'une plate-forme circulaire, d'un cromlech dallé ; les tombes jumelles renfermées dans la même enceinte rectangulaire ou circulaire ; les dolmens à cupule ; les allées couvertes ; les chambres creusées dans le roc ; enfin les auges sarcophages, qui apparaissent aussi dans les nécropoles puniques. Ces tombeaux renferment des squelettes, placés presque toujours dans la même attitude, bras croisés et jambes ployées, mais présentant des caractères ethniques très divers, dont la variété rend le groupement difficile ; on y trouve aussi un mobilier funéraire assez pauvre qui offre un singulier mélange de poteries grossières, simplement séchées au soleil, de vases en terre cuite, faits à la main ou au tour, d'objets en bronze, en fer, en cuivre, de silex taillés, de verroterie punique et de monnaies romaines : documents contradictoires dont il est impossible de tirer des conclusions générales. Ces vestiges de la civilisation purement berbère en Tunisie, qui nous renseignent d'une façon si insuffisante, sont les seuls qui nous aient été conservés : force est donc de nous en contenter.

Il est plus surprenant d'avoir à constater un phénomène analogue en ce qui concerne des restes de la civilisation carthaginoise en Afrique.

Sans doute, les Phéniciens, tant qu'ils furent les maîtres de l'Afrique, concentrèrent surtout leur puissance dans l'intérieur même de Carthage. Ce peuple de marchands ne s'aventurait pas volontiers en dehors de la triple rangée de remparts, de lagunes et de montagnes qui protégeaient sa presqu'île. S'il avait formé un certain nombre de centres prospères dans son domaine propre, la Zeugitane, ce n'est que plus tard, après l'invasion romaine et sous la protection des légions, qu'il se risqua dans la Byzacène. Il n'en est pas moins vrai que, du ve siècle au IIe avant notre ère, toute une partie de la future province romaine d'Afrique était déjà mise en valeur et remarquablement prospère : Hérodote, au ve siècle, les auteurs du IVe siècle qu'utilise le Périple de Scylax, font ressortir la prospérité des ports phéniciens de la côte[1], des florissants *emporia* du cap Bon, du Sahel et des Syrtes : ils nous permettent d'apprécier les immenses ressources que Carthage retirait de son domaine propre, de ses montagnes boisées, de ses vastes plaines de la Zeugitane (μεγάλα πεδία), où les indigènes asservis, fixés au sol, étaient

1. Cf. aussi Diodore de Sicile, XX, §§ 3 et suiv.

Berger-Levrault et Cie, Éditeurs.

I. — MAUSOLÉE PUNICO-BERBÈRE DE DOUGGA (*THUGGA*).

terre si épaisse que l'on n'est pas encore parvenu à les dégager.

Nous n'en connaissons qu'un, debout à la surface du sol, et c'est encore un tombeau : le mausolée de Dougga.

Ce monument a une importance capitale pour l'histoire de l'art : il mérite qu'on s'y arrête.

Il a été construit au IVe siècle avant notre ère, pour servir de tombeau à un prince d'une dynastie punico-berbère, d'ailleurs inconnue, qui régnait alors sur le pays de Thugga. Une inscription bilingue, libyque et punique, qui se trouvait encore placée, au commencement de ce siècle, sur la face est du monument, nous fait connaître le nom de ce prince et la longue généalogie de ses ancêtres royaux. Ce document, qui a donné la clef et fixé le sens de plusieurs caractères de l'écriture libyque, était d'une valeur inappréciable.

En 1842, Th. Read, consul général d'Angleterre à Tunis, fit démolir, pour s'approprier l'inscription, toute la paroi dans laquelle elle était encastrée. Vendue à sa mort, elle est aujourd'hui conservée au British Museum, tandis que les blocs de pierre qui l'encadraient jonchent le sol autour du mausolée.

Deux compatriotes de Th. Read, Bruce et Catherwood, avaient heureusement pris, dès le commencement de ce siècle, des dessins très exacts de l'édifice. En s'aidant de leurs esquisses pour compléter les indications que nous fournissent les ruines dans leur état actuel, l'on peut arriver à reconstituer par la pensée le monument tel qu'il devait se présenter primitivement.

Il se rattache, ainsi que l'a remarqué M. Saladin, à la série de mausolées carrés surmontés d'une pyramide, qui commence en Égypte avec les sépultures des rois de la XVIIIe dynastie, et qu'on retrouve aux VIIe et VIe siècles dans les tombeaux du Haouran et de la Syrie centrale. Le mausolée de Dougga forme le dernier terme de cette série, le plus récent.

Comme tous les monuments de l'art phénicien, il se compose d'éléments hétérogènes, empruntés les uns à l'Égypte, les autres à la Grèce.

Sur un soubassement carré de six gradins se dresse l'étage inférieur décoré, aux quatre angles, de pilastres lisses, dont les chapiteaux, très caractéristiques, se composent d'une volute unique très infléchie d'où s'échappent en trois points des fleurs de lotus à demi épanouies ; des fenêtres feintes occupent trois côtés : sur la face est, une ouverture permettait de s'introduire dans l'intérieur du monument. L'étage supérieur comporte une disposition analogue avec plus de richesse dans la décoration. Reposant sur trois gradins, il est orné de colonnes ioniques engagées, au nombre de huit, et aux quatre angles de colonnes cannelées, juxtaposées au monument. Deux portes, fermées par des dalles, se voyaient sur la face nord et sur la face est. Elles donnaient accès dans les chambres de l'intérieur : cellules peu régulières aux parements bruts, ce sont de simples vides de décharge, ménagés dans la construction pour alléger la masse et diminuer la charge de la base.

La colonnade ionique qui ornait la façade supportait une architrave plate et une gorge égyptienne formée d'un seul cavet. Au-dessus de cette grande corniche s'élevaient trois gradins en retrait l'un sur l'autre, avec statuettes de cavaliers aux quatre angles. Ils supportaient le couronnement de l'édifice, un grand socle décoré sur ses faces de quadriges en bas-relief et aux angles de statues ailées. Il était lui-même surmonté, selon M. Saladin, d'un prisme droit à base triangulaire, ou, selon moi, d'un pyramidion supportant le lion qui vient d'être retrouvé dans les débris du monument.

La chambre sépulcrale ne se trouvait probablement pas dans le mausolée même, mais au-dessous. Le sarcophage devait être déposé dans un caveau, auquel on accédait par un couloir secret, soigneusement dissimulé comme dans les *mastabas* d'Égypte. Il serait intéressant de pouvoir s'en assurer par des fouilles méthodiques. Celles-ci nous feraient peut-être retrouver, dans le caveau inviolé, le sarcophage du prince berbère avec ses bijoux et son mobilier funéraire. Mais dussent-elles uniquement réduire la part de l'hypothèse dans la reconstitution du monument et déterminer tous les éléments qui nous manquent, elles vaudraient encore la peine d'être tentées.

L'archéologie monumentale de l'époque préromaine en Tunisie existe donc à peine, faute de documents. Faut-il en conclure à une destruction systématique ? Faut-il croire que les vainqueurs de Carthage, non contents de démolir de fond en comble la rivale de Rome, aient fait, par toute l'Afrique, table rase du passé ?

En aucune façon. L'absence de monuments de l'époque punique s'explique par des raisons plus simples et toutes naturelles.

Partout où étaient déjà les Phéniciens, les Romains se sont établis à leur tour ; ils se sont substitués à leurs devanciers, ont perfectionné ou refait, suivant les cas, et toujours complété leur œuvre. Leur civilisation a recouvert celle qui l'avait précédée, en la débordant, et comme la domination romaine a duré près de huit siècles, et que, pendant cette longue période, aux bâtiments qui tombaient en ruines se sont constamment superposés de nouveaux édifices, les soubassements des monuments carthaginois ont entièrement disparu, enfouis sous les constructions accumulées par les générations successives. Le phénomène n'a rien de particulier à l'époque punique. Les monuments romains les mieux conservés sont les derniers en date. Les ruines byzantines et celles des basiliques chrétiennes couvrent le pays. Les édifices païens les plus nombreux remontent au temps des empereurs africains ; ceux de l'époque des Antonins sont déjà plus rares. Il n'existe pas sur le sol de la Tunisie un seul monument romain dont on puisse affirmer qu'il soit antérieur à notre ère.

Dans la Zeugitane et sur la côte, la civilisation romaine cache l'œuvre des Phéniciens; dans la Byzacène au contraire, les Romains n'ont rien fait disparaître, car rien n'existait avant eux. Ils ont trouvé un pays désert, ils l'ont transformé en une vaste ferme ; après eux le désert a reparu. Tout ce pays est à eux, rien qu'à eux ; c'est leur domaine propre. C'est là que leur action s'est exercée avec le plus de fruit, là aussi que les restes de leur occupation ont gardé le plus d'éclat et qu'il est le plus facile d'étudier dans le détail, de juger, par ses résultats, leur méthode de colonisation.

Pour coloniser en Afrique, il faut deux choses : de l'eau, des voies de communication. De l'eau d'abord, pour vivre ; et l'on en manque souvent en Tunisie. Pendant cinq mois d'été il ne pleut nulle part, même dans le nord, trop arrosé en hiver. En toute saison, dans le sud, il ne pleut pas assez. Partout l'eau fait défaut pendant une partie de l'année, et le résultat de cette disette, c'est la stérilité, la mort.

Il en a été ainsi de tout temps. Lorsque les auteurs anciens ne le disent pas expressément, comme Salluste : « Ciel et terre pauvres en eau » (*Cælo terraque penuria aquarum*), ils nous le laissent entendre. Le climat n'a changé depuis douze siècles que dans la mesure où peuvent le modifier l'abandon des cultures et le déboisement, c'est-à-dire fort peu.

Le régime des eaux est resté aujourd'hui ce qu'il était jadis : essentiellement torrentiel.

La Tunisie reçoit dans certaines régions autant d'eau que le bassin de Paris, dans d'autres moins que les steppes kirghises, mais toujours elle tombe de la même façon. Ce sont de vraies trombes qui s'abattent tout d'un coup sur le pays.

Dans ces conditions, l'absorption par le sol, si perméable qu'il soit, devient insignifiante, l'eau ruisselle à la surface, se précipite sur les pentes avec une vitesse d'autant plus grande que le volume déversé est plus considérable : elle bouleverse tout sur son passage, inonde les plaines qu'elle traverse en courant, et va se perdre dans les sebkhas ou dans la mer. Quelques heures après la pluie, le pays est aussi sec qu'auparavant, mais plus ravagé.

Le désastre commence dès que l'eau du ciel atteint le sol : aussi est-ce dès ce moment qu'il faut la saisir et la diriger, en gouvernant le ruissellement.

Dans les régions où la pente est peu prononcée, mal définie, où les eaux se rassemblent dans des dépressions sans issue, et forment des nappes stagnantes sans profit pour l'agriculture, les bas-fonds sont revêtus, à l'époque romaine, de cuvettes bétonnées à bords plats, où les produits des pluies viennent s'accumuler ; elles sortent, après décantation, par un déversoir à vannes qui les conduit au cours d'eau ou au réservoir collecteur des eaux de la région.

Quand, au contraire, le relief est très accidenté et que le ruissellement trop rapide provoquerait de dangereuses érosions, des barrages rustiques en pierres sèches, se succédant par degrés d'une importance progressive, brisent l'élan de l'eau qui dévale, et la forcent à déposer contre leur barrière filtrante toute la terre végétale qu'elle entraîne.

Ces terrasses de retenue, très apparentes encore dans le Djebel-Oust et les montagnes qui dominent les plaines de Zaghouan, de l'Enfida, de Djebibina, empêchent la dénudation des pentes et reconstituent le sol que bouleversent les pluies, par un lent travail de transformation qui convertit en paliers étagés, chargés d'humus et propres à la culture des arbres, les ravinements dégarnis où les plantes ne pouvaient prendre racine. Elles facilitent, en outre, l'imbibition du sol. Au bas des pentes, les sources d'eau claire augmentent. Le débit irrégulier et trouble des torrents est diminué d'autant.

L'œuvre d'aménagement, commencée sur le ruissellement, se poursuit méthodiquement sur les cours d'eau une fois constitués. Dès leur naissance dans les plus petits ravins de la montagne, les ruisselets sont surveillés, tenus en lisière : des barrages fermant les vallons où viennent se réunir tous ces filets d'eau, groupent les affluents et modèrent leur allure.

A l'entrée de chaque vallée principale, un système de canaux et de réservoirs règle le passage du liquide dans les conditions de lenteur et d'absorption voulues. Constamment surveillée, redressée par des épis, contenue par des perrés ou des murs qui protègent les berges, la rivière poursuit sa course jusqu'à ce qu'elle rencontre, à son débouché dans la plaine, une dernière grande digue, qui garantit le bas pays contre l'irruption subite des crues, et emmagasine leurs produits dans une série de bassins et de réservoirs communiquant entre eux par des vannes mobiles. Ainsi diminué, saigné pour ainsi dire, l'oued s'écoule vers la mer sans faire de ravages en hiver, tandis que dans la saison chaude, au moment où le torrent se dessèche, les vannes des bassins s'ouvrent et permettent à l'eau recueillie au moment des fortes crues, de rejoindre leur lit naturel. On assure de cette manière l'alimentation constante de tout un système de canaux d'irrigation, dont les ramifications se subdivisent dans la plaine jusqu'aux rigoles et aux sillons, amenant à toutes les terres cultivables l'eau qui leur est nécessaire.

La distribution en est faite d'ailleurs très exactement et d'après des lois fixes. Chaque propriétaire a le droit d'irriguer à son tour et pendant un certain nombre d'heures. Des règlements fort minutieux, affichés sur la place publique de chaque village et gravés sur des tables de pierre, indiquent la part qui revient à chacun, comme on fait encore aujourd'hui dans les oasis (Règlement de Lamasba). Le surplus, qui deviendrait nuisible, s'il restait stagnant après imbibition du sol, est repris par un second système de circulation, inverse du premier, qui des sillons aux rigoles, des rigoles aux fossés, des fossés aux canaux rassemble toutes les eaux inutiles dans un émissaire commun, et les jette à la mer.

Le principe est toujours le même : remédier à l'inégale répartition des pluies entre les saisons, en conservant pour l'été le superflu de l'hiver. L'application diffère suivant les régions et donne naissance à des types distincts de travaux d'irrigation, dont les principaux ont été étudiés et décrits dans la vallée de la Medjerda par MM. Saladin et le docteur Carton, dans l'Enfida par M. de la Blanchère, dans l'Arad par M. le docteur Carton, dans le Bled-Segui par M. le capitaine Privé, dans le centre et dans l'ouest de la Tunisie par MM. Cagnat et Saladin.

On ne rencontre d'ailleurs ce genre de travaux que là où l'eau tombe en quantité suffisante pour permettre la culture des légumes et des céréales. Il y a, en Tunisie, de vastes régions qui n'ont presque pas été irriguées. La Byzacène presque tout entière semble avoir été dans ce cas, bien que l'on puisse relever les traces de quelques barrages sur l'Oued-Baïech, sur l'Oued-Fekka, sur d'autres points encore. Dans les pays où ne pouvaient prospérer que les cultures de terre sèche, comme celle de l'olivier, les travaux d'irrigation étaient inutiles.

La mise en valeur du sol exige plus ou moins d'eau suivant la nature des cultures ; mais l'homme qui l'habite a partout besoin de la même quantité de liquide. L'alimentation constante et régulière des grandes agglomérations urbaines constituait un problème délicat, d'autant plus que les Romains ont systématiquement évité, en Afrique, de s'établir dans le voisinage immédiat des rivières et de les mettre à contribution pour fournir l'eau potable à leurs centres. Ce n'est jamais au milieu des plaines torrides, dans les bas-fonds humides où la fièvre règne en permanence, que l'on retrouve les restes de leurs grandes cités ; ils se dressent sur les premiers contreforts des montagnes, sur des terrains en pente, bien asséchés, placés de préférence à l'entrée de vallons, où le courant d'air frais descendant des hauteurs balayait et purifiait constamment l'atmosphère. Ce même souci de l'hygiène, qui les guidait dans le choix de

Berger-Levrault et Cie, Éditeurs.

II. — FONTAINE DE KSAR-EL-HADID.

l'emplacement de leurs centres, les avait amenés à rejeter autant que possible l'usage de l'eau de rivière comme boisson, pour se servir de préférence de l'eau de pluie, de sources ou de puits. Suivant les cas, selon les ressources du pays et l'importance de l'agglomération qu'il fallait pourvoir d'eau potable, c'est à l'un quelconque de ces moyens d'alimentation, ou aux trois simultanément qu'ils avaient recours par des travaux appropriés.

Les sources étaient souvent captées et aménagées dans l'intérieur même de la cité. Au nymphée de Bulla-Regia, l'eau traverse d'abord une série de réservoirs superposés, communiquant par des tuyaux de plomb et sur lesquels s'ouvrent diverses salles pavées de mosaïques ; elle est dirigée ensuite sur les thermes par une conduite souterraine, qui passe sous un arc de triomphe. Aphrodisium dans l'Enfida, Sua sur la rive gauche de la Medjerda, présentent des monuments analogues, bien conservés et d'un joli style. Ceux du Kef et de Béja sont plus simples et se composent d'un canal d'adduction et d'un bassin.

Lorsque l'eau ne se trouve pas en quantité suffisante sur place, on va la chercher ailleurs, parfois à une grande distance. La source est ordinairement captée sous une voûte qui la protège contre le soleil et la poussière comme à Oudna, ou dans un bassin en pierres taillées à ciel ouvert, comme à Aïn-el-Hammam, près de Dougga ; parfois, au contraire, on construit sur elle un véritable monument.

Le plus célèbre, le plus gracieux de ces édifices est le Temple des Eaux, placé à l'origine de l'aqueduc de Carthage, à l'endroit où la source de Zaghouan jaillit de la montagne, le *Mons Ziquensis*. Adossé à la muraille rocheuse qui se dresse à pic derrière lui, s'ouvre, sur une plate-forme qui domine le pays, un hémicycle de trente mètres de rayon; on y accède par deux escaliers latéraux de quinze marches, de part et d'autre d'un bassin de forme originale, qui reçoit les eaux de la source avant leur entrée dans l'aqueduc.

Au fond de l'hémicycle se dresse le sanctuaire. Il se compose de deux parties : le vestibule, recouvert d'une coupole, et la *cella*, au fond de laquelle est ménagée une niche cintrée. Au-dessus de la porte d'entrée de la cella règne une architrave surmontée d'un mur que couronnait une corniche et peut-être un fronton.

A droite et à gauche du sanctuaire s'arrondissent en fer à cheval les deux ailes de l'hémicycle. Elles forment un vaste portique circonscrit par un mur plein en grand appareil; il s'ouvre sur la terrasse intérieure par vingt-quatre arcades. Le toit de chaque galerie latérale est formé de douze petites coupoles correspondant aux arcades; chacune d'elles abritait jadis une statue.

Les massifs d'orangers, de cyprès, de platanes séculaires, qui donnent aujourd'hui tant de grâce à ces ruines, existaient sans doute autrefois déjà; ils formaient autour du sanctuaire comme une sorte de bois sacré, faisant valoir par leur verdure opaque la transparence de l'eau, la blancheur des colonnes, des statues de marbre, et contrastant avec l'aspect sauvage des rochers arides et dénudés du fond : séjour vraiment divin et fait pour plaire à la nymphe mystérieuse dont la constante protection assurait par ses bienfaits la prospérité de Carthage.

La source captée était conduite à la cité à travers des régions souvent très accidentées. La tâche serait rendue facile aujourd'hui par l'emploi des siphons qui permettent à

Berger-Levrault et Cie Éditeurs.

III. — *CELLA* DU TEMPLE DES EAUX DE ZAGHOUAN.

l'eau de descendre au fond des dépressions pour reprendre ensuite son niveau primitif. Les ingénieurs romains ont connu les propriétés du siphon, le fait est hors de doute; mais ils ne semblent pas en avoir tiré toutes les applications pratiques qu'elles comportent : s'ils s'en servaient pour les tuyaux de conduite en plomb de faible diamètre, ils préféraient donner à leurs grands aqueducs maçonnés une pente uniforme, quelle que fût la longueur du canal et les obstacles que le relief du sol opposait à son passage. Les montagnes qui barraient le chemin et qu'il était impossible de tourner, ils les perçaient par des tunnels; les vallées et les plaines ouvertes, ils les franchissaient au moyen d'aqueducs; et les restes prodigieux de ces travaux d'art déroutent aujourd'hui notre imagination.

Du nymphée de Zaghouan aux citernes de la Malga, les eaux suivaient, sur un parcours de 90 kilomètres, tantôt au niveau du sol, tantôt au-dessus ou au-dessous, un conduit maçonné en blocage, recouvert par une voûte en plein cintre, percée à intervalles réguliers de regards qui facilitaient le curage et les réparations; ce conduit débitait près de 400 litres à la seconde, 32 millions de litres par jour, pouvant alimenter une population de 500,000 habitants.

L'aqueduc décrit des courbes sinueuses qui épousent tous les contours des collines; il traverse les ravins sur des chaussées de remblai, les plaines sur des arcades en grand appareil, élevées en certains endroits de plus de 20 mètres et se succédant sur plus de 4,500 mètres dans la plaine de l'Oued-Mélian, sur près de 12,000 dans celle de la Manouba. Il croise de nombreux cours d'eau qu'il franchit sur des ponceaux ou des ponts. Le plus remarquable était celui de l'Oued-Mélian; il se composait de onze arches à double étage soutenues par des piles en pierre de grand appareil, taillées en bossage et soigneusement assemblées. Des murs de garde arrondis soutenaient les berges et, dans le lit de la rivière, en aval, un radier incliné protégeait les piles contre l'affouillement des eaux.

A Carthage, l'eau était emmagasinée dans le grand réservoir public de la Malga. Cet édifice, qui abrite aujourd'hui tout un village dans ses ruines à demi effondrées, n'a, quoi qu'on en ait dit, rien de punique. Il ne diffère que par ses proportions plus vastes des réservoirs publics d'Utique, d'Uthina, de Thugga, de Sicca Veneria. Leur plan est généralement conçu de manière à assurer le fractionnement de la masse liquide, ce qui permet de nettoyer alternativement les diverses parties du récipient, engorgées par les apports d'alluvions et les dépôts calcaires, sans entraver le fonctionnement de l'ensemble. Ils se composent d'une série de compartiments parallèles — 5 à Dougga, 6 à Utique, 7 à Oudna, 12 au Kef, 24 à la Malga, 25 à Thapsus, — beaucoup plus longs que larges, ayant en général de 30 à 35 mètres dans un sens et 5 ou 6 dans l'autre. Juxtaposés en longueur, ils communiquent entre eux par de petites portes basses et des lucarnes qui assurent l'équilibre de l'eau dans les divers bassins et suppriment les pressions latérales sur les cloisons intermédiaires. Les murs, en petit appareil, sont revêtus d'un épais enduit hydraulique, pouzzolane et tuileaux concassés, gâchés avec un ciment d'une solidité et d'une résistance extraordinaires. Ils supportent des voûtes en berceau, percées au sommet de regards circulaires qui aèrent l'édifice; l'eau se déverse dans les bassins par un orifice carré placé près de la voûte. Un dernier compartiment, en tout semblable aux précédents, mais qui leur est perpendiculaire, recueille les eaux parfai-

Berger-Levrault et Cie, Éditeurs.

IV. — PONT-AQUEDUC D'UTIQUE.

Berger-Levrault et Cie, Éditeurs.

V. — AQUEDUC DE DOUGGA (*THUGGA*).

tement clarifiées ; elles s'écoulent au dehors par des canaux maçonnés, à vannes et robinets de pierre, sur lesquels s'embranchent les tuyaux de conduite et de distribution en plomb. Diverses dispositions accessoires, puits, escaliers, canaux de décharge, facilitent la surveillance des bassins, assurent la circulation, l'aérage, la décantation des eaux, et règlent leur sortie.

Ce type de réservoir est le plus répandu parce qu'il est le plus simple ; il ne demande ni matériaux de choix, ni connaissances spéciales en stéréotomie ; il s'agrandit ou se réduit à volonté et se prête à tous les besoins, convenant aussi bien à la citerne particulière d'une habitation privée qu'aux réservoirs qui servent à l'alimentation de toute une cité.

On rencontre cependant sur certains points, où la pierre abonde et où le relief du terrain s'y prête, des réservoirs construits sur un plan différent. L'eau se déverse dans un bassin unique rectangulaire. Sur le radier bétonné du fond se dressent 2, 3, 4 séries de piliers équidistants, en pierre de taille, qui soutiennent des voûtes d'arête, ou qui sont reliés entre eux par des arceaux surbaissés servant de support à des voûtes en berceau ; dans l'épaisseur du mur d'enceinte, court, à la hauteur de la naissance des voûtes, un couloir qui sert à la surveillance et au curage du bassin. C'est à Uthina que l'on rencontre les spécimens les plus caractéristiques de ce genre de réservoir ; ils sont généralement conjugués ; pendant qu'on vide l'un pour le nettoyer à fond, l'autre continue à fonctionner.

On alimente ainsi les bassins publics *lacus,* les fontaines *salientes,* les bains *balneæ, thermæ, lavacra,* même les maisons particulières. Dans certains centres importants, comme à Thysdrus, l'eau était distribuée à domicile aux citoyens, qui en obtenaient la concession à de certaines conditions, probablement le paiement d'une redevance consacrée à l'entretien des aqueducs. *Aqua... coloniæ sufficiens et per plateas lacubus impertita, domibus etiam certa conditione concessa.* A Althiburus, aujourd'hui Medeina, l'eau circule encore dans les conduits actuellement inutilisés. Ailleurs, à Bulla-Regia, par exemple, le Dr Carton a signalé un système de tuyaux en plomb qui partaient du nymphée pour distribuer l'eau dans toutes les directions.

Si abondante qu'elle pût être, l'eau de source n'aurait pas suffi à l'alimentation intégrale de toute une cité. Elle fournissait aux habitants leur boisson; la pluie subvenait aux autres besoins de la vie de tous les jours; dans une cité comme Uthina, qui s'étendait sur près d'un kilomètre carré, pas une goutte tombant du ciel ne demeurait inutilisée. Les rues et les places publiques, dallées, versaient le produit des pluies dans les égouts qui le conduisaient aux citernes publiques. Chaque maison avait sa citerne particulière qu'alimentait l'eau qui découlait des toits recouverts de tuiles, des terrasses, des *cavædia* en mosaïque et de la cour; celle-ci était bordée d'un caniveau qui recevait les divers conduits et allait se déverser dans un puits de décantation communiquant avec un réservoir voûté et obscur, parfaitement étanche. On y puisait l'eau par un puits à margelle de marbre, muni de seaux glissant sur des poulies.

Tel est, dans son ensemble, le système de ces travaux hydrauliques, si ingénieusement combinés par les Romains, pour remédier aux inconvénients du climat de l'Afrique, assurer partout et toujours l'alimentation en eau des villes et des campagnes.

Berger-Levrault et Cie, Éditeurs.

VI. — CITERNES D'OUDNA.

Mais pour mettre en valeur un pays, il ne suffit pas de le rendre habitable et d'en fertiliser le sol. Il faut aussi en faciliter l'accès, lui ouvrir des débouchés, en le dotant de ports et de voies de communication qui permettent les échanges, favorisent le développement des relations commerciales sans lesquelles un pays, même exclusivement agricole, ne saurait prospérer.

Jusqu'à l'invasion arabe, la Tunisie ne communique guère que par mer avec le reste du monde méditerranéen; elle ne peut avoir, avec les populations pauvres, clairsemées et pillardes, qui garnissent au sud et à l'ouest ses frontières terrestres, que des relations précaires et sans grande importance. Par contre, son littoral s'ouvre largement aux invasions, comme aux échanges pacifiques. D'un abord généralement difficile, il ne mérite cependant qu'à moitié le jugement pessimiste de Salluste: « mer redoutable, côte inhospitalière. » De Thabraca aux autels des Philènes, se succèdent de nombreux ports, fréquentés de tout temps par les navigateurs grecs, phéniciens et romains.

L'œuvre ébauchée par la nature a été perfectionnée par Carthage. Elle a su, avec une remarquable ingéniosité, aménager la côte pour y échelonner ses comptoirs. Les moindres refuges, les simples mouillages sont transformés par elle en de véritables ports bien clos, protégés par des jetées puissantes, parfois même, comme les *cothons* de Carthage, d'Hadrumète et de Thapsus, entièrement creusés de main d'homme.

Les Romains se bornent à continuer et à compléter l'œuvre de ceux qui furent leurs premiers maîtres en matière de navigation. Chercher à distinguer dans les restes actuels des ports antiques la part des Carthaginois et celle de leurs successeurs me paraît illusoire. La mer rouge sans cesse le littoral. L'on n'entretient un port qu'au prix de continuelles réfections. Jetées, môles et quais durent être reconstruits bien des fois, au cours des longs siècles pendant lesquels ils furent utilisés. La maçonnerie de leurs ruines actuelles est toujours romaine, alors même que le plan primitif aurait été conçu par un ingénieur carthaginois.

Les textes ne nous renseignent pas mieux que les ruines. Même pour les ports de Carthage, les descriptions d'Appien et de Strabon, qui semblent si précises et si explicites, ne peuvent nous suffire ; c'est sur elles que l'on s'est appuyé pour identifier les deux ports militaire et marchand, tous deux avec les lagunes du lazaret actuel ; cette théorie, admise sans discussion jusqu'à ces dernières années, n'est confirmée qu'en partie par l'examen des lieux ; elle néglige, en dehors et en avant des lagunes, de nombreux restes de quais, de jetées et de môles dont il faut tenir compte, et semble devoir être modifiée ainsi [1] :

Les deux lagunes, qui n'en formaient qu'une autrefois, représentent le *cothon* ou port militaire ; la lagune arrondie du nord avec sa petite île correspond au bassin circulaire qui était rapproché du marché et de Byrsa, et qui contenait l'île de l'Amirauté. La lagune méridionale allongée correspond au bassin rectangulaire.

On pénétrait dans le port militaire en passant par le port marchand, immense bassin extérieur qui se développait le long de la côte, sur une longueur de près de

---

1. On peut consulter sur la question des ports de Carthage les articles récents de MM. Cecil Torr, *Classical Review*, V, 1891, p. 280 et suiv. ; VII, 1893, p. 374 et suiv. ; *Revue Arch.*, 1894, p. 34 et suiv. et p. 294 et suiv. — R. Oehler, *Neue Jahrbucher für Philologie*, 1893, p. 321 et suiv. — Otto Meltzer, *ibid.*, 1894, p. 49 et suiv., p. 119 et suiv. — J'ai cherché, pour ma part, à dégager dans les théories opposées de MM. Cecil Torr et Oehler, que j'ai étudiées sur le terrain, la part de vérité qu'elles contiennent toutes deux.

1,500 mètres. Il était fermé par une autre jetée, dont l'attache subsiste auprès du lazaret actuel et qui se dirigeait de l'est à l'ouest.

L'entrée s'ouvrait entre les têtes des deux môles. Elle était commune aux deux ports, mais, tandis que les vaisseaux de guerre pénétraient ensuite par la seconde passe dans le port militaire, isolé par un double mur qui le protégeait contre les regards indiscrets, les navires de commerce tournaient au nord-ouest et allaient directement décharger leurs marchandises sur les quais de Dermèche, au cœur de la cité.

Déjà florissantes avant l'arrivée des Romains, les villes maritimes de la province ont vu, presque toutes, leur prospérité s'accroître et se maintenir jusqu'aux derniers temps de la domination byzantine. Les ports qui servent de débouchés aux régions diverses de cette partie de l'Afrique concentrent en eux toute la vie économique de la province. Tout en part, tout y aboutit. De Thabraca sortent les lourds vaisseaux de charge qui vont porter à Ostie le marbre numidique des carrières impériales de Simitthu, et les bois de construction des *saltus* de Khroumirie. Carthage est l'entrepôt des blés de l'annone impatiemment attendus par le peuple de Rome; toutes les productions de la riche vallée du Bagradas se rassemblent sur ses quais d'embarquement. Hadrumète et les *emporia* de la petite Syrte fournissent à Rome l'huile de Byzacène nécessaire à ses thermes et à ses gymnases. Tacape et Leptis Magna attirent à elles, outre les produits des oasis, les denrées exotiques, les matières rares et précieuses, les éléphants et les esclaves que les caravanes amènent des régions inconnues et mystérieuses du sud.

Le mouvement commercial qui part des extrémités les

plus reculées du pays, pour converger vers les ports, est facilité par la création et le développement d'un réseau routier digne d'exciter l'envie de nos colons français. Ce réseau qui subsiste encore intact sur quelques points, il est facile de le reconstituer, en pensée, dans presque toutes ses parties, grâce aux itinéraires et traités de géographie que nous a légués l'antiquité. Tel est l'*Itinéraire d'Antonin*, sorte de livret de postes, qui indique, sur un certain nombre de routes choisies, les gîtes d'étapes, les *mansiones* que le voyageur rencontrait au bout de sa journée de marche, mais qui passe sous silence les stations intermédiaires. Telle est surtout la *Table de Peutinger*, le document le plus précieux que nous possédions sur la géographie de l'ancienne Afrique. Carte descriptive autant que routière, elle trace le réseau général de toutes les voies militaires de l'Empire, et nomme toutes les stations échelonnées sur chacune d'elles; elle signale les thermes, les temples, les entrepôts et reproduit, aussi exactement que le permet le système de projection qu'elle adopte, la configuration et le détail topographique du terrain. La *Table de Peutinger* présente malheureusement, dans l'intérieur de la Byzacène et dans la région Syrtique, deux lacunes que comble l'*Itinéraire d'Antonin*. Les deux documents se complètent donc, et, dans les parties communes, la comparaison de leurs données numériques, pour les mêmes distances, permet de les corriger l'un par l'autre [1].

D'ailleurs, il nous est souvent possible de contrôler sur place les renseignements qu'ils nous fournissent : sur beaucoup de points de la Tunisie, surtout dans les pays de montagne, où la rupture d'un ponceau suffit pour interrompre

1. Tissot, II, p. 52.

la circulation sur de grands parcours, subsistent des tronçons de voies romaines si bien conservés qu'ils pourraient encore servir.

Ils permettent d'étudier dans tous ses détails la technique des ingénieurs romains, la construction des routes, leur tracé, leurs ouvrages d'art, de comparer l'importance relative des diverses artères.

Les colonnes milliaires, ces bornes kilométriques romaines, bien plus instructives que les nôtres, nous fournissent pour ainsi dire l'état civil des voies qu'elles jalonnent. Elles se dressent de distance en distance sur le bord de la route, parfois encore debout et encastrées dans le socle rectangulaire qui en assurait la stabilité et les maintenait verticales. L'inscription gravée sur la colonne donne au passant tous les renseignements qui peuvent lui servir. Tout d'abord le chiffre des milles, indiquant, suivant les cas, la distance au point de départ, Carthage, ou à la ville voisine. Il est généralement surmonté d'une dédicace impériale qui rappelle la date de la création de la voie, ou celle des travaux de réfection qu'elle a subis. L'inscription fait parfois connaître, en outre, les difficultés qu'il fallut surmonter pour construire la route à travers monts, marais et cours d'eau, ou pour la réparer; elle dit par qui ont été faits les travaux, par les soldats de la 3e légion auguste ou par les habitants de la région, et donne les noms des personnages, gouverneurs de la province ou magistrats municipaux, qui furent chargés d'en surveiller l'exécution. Nous savons si la voie était de grande communication ou d'intérêt local, comprise ou non dans le réseau officiel de l'Empire, si c'est l'empereur ou les cités desservies par elle qui en ont fait les frais, sur quels fonds ils ont été prélevés. Ce sont là des documents historiques de premier ordre, dont le nombre s'accroît tous les jours, et dont la découverte nous surprend parfois, en révélant l'existence de routes insoupçonnées, qui traversaient des gorges sauvages et désertes aujourd'hui, ou chevauchaient des crêtes escarpées presque inaccessibles. Peu à peu se complète la connaissance de ce réseau, aux mailles si serrées, que pas une bourgade n'était privée de voies de communication utilisables en tout temps.

Comme Rome pour le réseau routier de l'Europe, Carthage est en Afrique le principal point de départ des voies romaines qui s'étendent, à l'ouest, jusqu'au littoral de l'Océan, et qui, au sud, s'enfoncent jusqu'au cœur du Sahara.

C'est d'abord la grande voie du littoral, qui utilisait probablement une ancienne route phénicienne et aboutissait à Hippo-Regius (Bône), en passant par Bizerte, la vallée de l'Oued-Sedjnan, Thabarka et La Calle. Nous ignorons la date de sa construction, mais nous savons qu'elle fut restaurée en 76, sous Vespasien, par le légat impérial Q. Egnatius Catus.

Une autre voie se dirige également vers Hippo-Regius, mais en passant au milieu des terres ; elle dessert la rive gauche de la Medjerda, avec les grandes villes de Thuburbo Minus (Tebourba), Bulla Regia, Simitthu (Chemtou).

La voie de pénétration la plus importante est celle qu'achevèrent, en 123, sous le règne de l'empereur Hadrien, les troupes de l'armée d'Afrique, dirigées par leur légat, pour relier Carthage à Theveste, la capitale civile de l'Afrique à la capitale militaire. Cette grande artère, longue de 197 milles, soit 275 kilomètres environ, est l'objet des constantes préoccupations des empereurs : Cara-

Berger-Levrault et Cie, Éditeurs.

VII. — PONT DE CHEMTOU (*SIMITTHU*).

calla, Macrin, Maximin, Gordien, Philippe, Decius, Gallus et Volusianus, Aurelianus, Tacitus, Probus, Dioclétien, Constant, Julien, 14 empereurs en 250 ans, et d'autres encore peut-être que nous ignorons, la font réparer en tout ou en partie; elle sert jusqu'aux derniers temps de l'occupation byzantine. Son importance économique est aussi grande que son intérêt stratégique : voie naturelle, elle dessert les régions les plus fertiles, les plus peuplées de la Tunisie, qu'elle traverse en diagonale par Membressa (Medjez-el-Bab), Tichilla (Testour), Thignica (Aïn-Tounga), Thubursicum Bure (Teboursouk), Sicca Veneria (le Kef), Althiburus (Medeïna), Ammædara (Haïdra).

Enfin une quatrième voie suit le littoral, au sud de Carthage, coupant le cap Bon et touchant à Pupput (Souk-el-Abiod), à Hadrumète (Sousse), aux villes du Sahel, des oasis côtières, et se prolongeait ensuite jusqu'à Tripoli et Leptis Magna (Lebda), sur une longueur de 823 kilomètres.

D'autres routes croisant les premières joignent Tacape à Theveste, en passant par Capsa ; — Hadrumète à Sicca Veneria, en passant par Mactaris ; — Hadrumète à Capsa, en passant par Sufetula et Thelepte ; — Simitthu à Thabraca, en franchissant le massif montagneux de la Khroumirie au col d'Aïn-Draham. Les rives méridionales des chotts sont elles-mêmes desservies par une ligne qui aboutissait à Gabès. Quant aux routes secondaires qui s'intercalent entre ces grandes voies, allant d'une ville à l'autre, desservant des bourgades, des hameaux, des fermes, il faut renoncer à les énumérer ici.

Sur la carte routière de la Tunisie antique, chaque centre un peu important apparait comme une étoile qui rayonne dans toutes les directions. De Sufetula, par exemple, partent six routes aboutissant à Hadrumète, à Mustis, à Theveste, à Thænæ, à Macomades et à Cellæ Picentinæ. Thysdrus communique directement avec Leptis Minor, Sullectum, Usilla, Hadrumète, Vicus Augusti et Aquæ Regiæ. Des villes placées en dehors de toute grande artère sont aussi abondamment desservies : ainsi Thugga, qui ne se rattache que par un embranchement à la grande voie de Carthage à Theveste, est reliée par des chemins d'intérêt local à Thubursicum Bure et Aunobaris, à Aïn-Hedja, au temple d'El-Bouïa, à Djebba, et à Henchir-Goutneïa par la vallée de l'Oued-Faouar. La création de nouveaux centres amène celle de nouvelles routes. Ailleurs on améliore les anciennes, on rectifie les tracés défectueux : en 217, sous Macrin, on ouvre une ligne directe d'Inuca (Henchir-Rekba) à Turris (Henchir-Djemel), à seule fin d'abréger de 4 milles la distance qui séparait ces deux villages, déjà desservis par un autre chemin.

Routes et chaussées traversent souvent des pays très accidentés qui nécessitent de nombreux travaux d'art. Dans les terrains argileux et mouvants, sur le bord des ravins affouillés par les eaux, les voies sont protégées par des murs de soutènement. Des fossés de drainage les garantissent contre le ruissellement ; des ponceaux livrent passage aux moindres ruisseaux que croise la route. Des ponts sont jetés sur les torrents et les fleuves. Quelques-uns subsistent presque intacts ; tel est le pont de l'Oued-Djilf près de Foum-el-Afrit, ou celui de l'Oued-Béja, sur lequel passait la voie de Carthage à Hippone. Ce dernier est construit en grand appareil, les blocs extérieurs étant assemblés sans mortier. Il est relevé en dos d'âne. Avec les rampes d'accès, il mesure 70 mètres de longueur sur 7^{m},30 de largeur, porté sur trois arches, ayant chacune près de 6 mètres d'ouverture. En amont, les piles sont munies d'avant-becs demi-cylindriques; les culées sont protégées par des murs en aile à droite et à gauche en amont, à gauche seulement en aval. Les parapets, qui existaient encore quelques années avant l'occupation française, ont été détruits; mais le pont continue à servir à la circulation.

L'entretien de tous ces travaux publics est assuré soit par l'administration impériale, soit par les communes. Les réfections sont fréquentes, comme le prouvent les inscriptions des bornes milliaires. En outre, tout est prévu pour faciliter la circulation des hommes et des marchandises, des courriers et du roulage. De distance en distance, des citernes publiques, analogues à nos sebbalas, alimentent des abreuvoirs pour les bêtes de trait et pour les troupeaux. Des hôtelleries, *tabernæ,* que protègent dans le sud des postes fortifiés, offrent la nuit leur abri aux voyageurs.

Un réseau de voies de communication aussi développé suppose une circulation très active, par suite, une population très dense.

Quelle était la population de la Tunisie romaine? Il n'est pas facile d'en fixer le chiffre avec précision. Une évaluation de ce genre ne peut être qu'approximative. Les auteurs anciens ne faisaient guère de statistique et l'archéologie ne nous fournit, contrairement à l'opinion courante, que des renseignements trop vagues pour pouvoir servir de base à un calcul exact.

Sans doute, l'étendue des ruines d'une cité, les dimensions de ses édifices publics ou privés, l'importance de ses travaux hydrauliques et de ses réservoirs sont toujours en rapport avec le nombre de ses habitants. Mais ce rapport n'a rien de mathématique et repose sur une base essentiellement variable.

Ainsi, comme superficie, Uthina représente le cinquième de Carthage ; elle était quinze fois moins peuplée. Dans la capitale, les maisons se pressaient les unes contre les autres, élevées quelquefois de cinq à six étages ; dans les villes de l'intérieur, le terrain étant à meilleur marché, les habitations à simple rez-de-chaussée, rarement surmonté d'un étage, s'étalaient tout en surface au lieu de se développer en hauteur.

Pour l'alimentation en eau, une autre difficulté se présente : à supposer, ce qui n'est pas, ce qui ne peut pas être, que nous connaissions le débit exact de tous les réservoirs, citernes, puits et fontaines, fonctionnant simultanément dans une ville à un moment donné, nous ne posséderions encore qu'un des éléments du problème, une des inconnues de l'équation à résoudre, car nous ignorons quelle était la part du liquide réservée à la consommation des habitants, et celle qui était employée à l'arrosage, au nettoyage de la ville, aux bains publics, aux besoins divers de la vie de tous les jours.

La contenance des édifices publics, où des places fixes étaient réservées à chaque spectateur, les théâtres, les cirques, les hippodromes, peut sans doute être déterminée avec une approximation très suffisante. Mais est-elle dans un rapport constant avec le chiffre de la population de la cité ? Les habitants de la ville ne se réunissaient jamais tous à la fois dans ces lieux de plaisir. Par contre, les fêtes qui s'y donnaient attiraient du dehors de nombreux spectateurs. Quelle moyenne établir entre des éléments d'appréciation aussi contradictoires ?

D'ailleurs, comme tout organisme vivant, les cités naissent, se développent, arrivent à leur apogée, puis tombent en décadence et meurent. Elles s'étendent ou se rétrécissent; leur centre se déplace, de nouveaux quartiers se créent aux dépens d'anciens qu'on abandonne. En étudiant les ruines d'une ville romaine, nous voyons toute son histoire se projeter sur le même plan. Les constructions des diverses périodes s'additionnent au lieu de se remplacer : elles nous donnent l'illusion d'un maximum de prospérité qui n'a probablement jamais été atteint dans la réalité.

Le même phénomène de grossissement se produit aussi bien pour l'ensemble du pays que pour chaque cité en particulier. Le chiffre de la population de la Tunisie n'est pas demeuré constant, tout le temps de la domination romaine. Il semble s'être accru assez régulièrement jusqu'au commencement du IIIe siècle, époque à laquelle la mise en valeur du sol atteint son plus grand développement ; puis, après être demeuré stationnaire, subissant des hauts et des bas au moment de l'invasion des Vandales et pendant l'occupation byzantine, il décline décidément à partir de l'apparition des Arabes, pour s'affaisser tout d'un coup après l'invasion des Hillaliens.

Mais la courbe que l'on peut établir avec une certaine vraisemblance, pour figurer le mouvement général de la population dans l'ensemble du pays, cesse d'être exacte dès qu'on veut l'appliquer à chaque cité en particulier. Certaines villes de la côte agonisaient déjà quand d'autres centres, appelés à un grand avenir, naissaient à peine sur les hauts plateaux. Utique, qui remplaça Carthage pendant cent ans, est délaissée à partir du IIIe siècle de notre ère. Les environs de Carthage se dépeuplent au profit de la capitale. Par contre, les villes de la vallée inférieure de la Medjerda et des régions avoisinantes atteignent au même moment leur apogée. Tel est, par exemple, le cas pour Thugga

(Dougga) et ses voisines, Thubursicum Bure (Teboursouk), Thignica (Aïn-Tounga), Agbia (Aïn-Hedja). Dans les pays que transforme la culture de l'olivier, le phénomène se produit plus tard encore et dure plus longtemps. Au milieu du IVe siècle, la population de centres comme Thelepte (Feriana), Ammædara (Haïdra), Cillium (Kassrine), presque inhabités à l'époque des Antonins, oscille entre 20,000 et 60,000 habitants. Au milieu du VIIe siècle, Sufetula (Sbeïtla), simple bourgade au temps d'Auguste, est devenue la cité la plus florissante de toute la région, la brillante capitale du patrice byzantin Grégoire.

Donc, à supposer même que l'on arrive à évaluer avec une exactitude parfaite la population de chaque cité, on ne peut faire le total de tous ces résultats partiels, sans tomber dans une exagération évidente.

Et enfin, nous ne possédons d'éléments d'appréciation que pour la population urbaine de la Tunisie romaine. Que savons-nous des cultivateurs épars dans les fermes des campagnes ? Que savons-nous de ces légions de travailleurs serviles, vivant dans des masures dont toute trace a disparu ? Que savons-nous de cette population nomade qui existait avant l'arrivée des Romains et qui leur a survécu ? Il est certain que les villes se sont constamment accrues aux dépens des campagnes, les populations sédentaires aux dépens des nomades. Dans quelle proportion ? Nous l'ignorons aussi.

Ces réserves faites, et en se gardant de l'exagération à laquelle on est naturellement porté lorsque l'on étudie les ruines de ce pays, il reste certain, d'après les évaluations les plus modérées, que la Tunisie au temps de la domination romaine nourrissait plus du double, peut-être le triple d'habitants qu'aujourd'hui. Dans la vallée de la Medjerda, aux environs de Dougga, de Maktar, de Sbeïtla, de tant d'autres cités dont les emplacements sont aujourd'hui déserts, l'on rencontre les ruines de centres importants aussi pressés que les villages aux environs de Paris, sans parler des restes de fermes et de grandes exploitations agricoles qui se remarquent, pour ainsi dire, à chaque pas. On ne saurait songer à énumérer ici ces villes, dont la liste seule remplirait un volume.

D'ailleurs, leur description amènerait forcément des redites. Les villes africaines se ressemblent toutes, quelle que soit leur origine. Le soin extrême que les Romains mettaient à respecter les coutumes et les institutions locales des habitants, n'a d'égal que la hâte de ceux-ci à s'en débarrasser pour endosser la livrée des nouveaux maîtres.

Les vieilles capitales numides et puniques, Bulla Regia, Thugga, Sicca Veneria, ne sont pas les moins empressées à se dépouiller de tout ce qui aurait pu leur conserver un caractère original. Elles renoncent aux suffètes qui les gouvernaient sous la période carthaginoise et que Rome leur avait laissés. Elles prennent des magistrats romains, afin de se rapprocher le plus possible du type d'administration municipale de la Ville Éternelle. Chaque bourgade africaine aspire à devenir un municipe, une commune de plein exercice, comme on dirait en Algérie. Elle veut pouvoir se parer du titre de *respublica* sur les documents officiels, elle veut avoir ses magistrats, ses prêtres, son conseil de décurions, qu'elle appelle « *splendidissimus ordo* », comme s'il s'agissait du Sénat de Rome[1]. Elle y parvient par degrés, aidée par les empereurs qui lui accordent, à chaque étape de cette marche en avant, de nouveaux privilèges. Pour leur

1. Boissier, *l'Afrique romaine*, p. 93.

témoigner sa gratitude, la nouvelle cité leur élève des statues, leur consacre des temples, des arcs de triomphe ; elle adopte leurs noms, dont elle fait précéder le sien propre, et lorsqu'elle est enfin parvenue au titre envié de colonie romaine, le nom qu'elle se donne sur les inscriptions apparaît comme le tableau résumé de toute cette évolution ; ainsi Dougga, le *pagus Thuggensis* des deux premiers siècles, est devenu, en 261, *colonia Licinia Septima Aurelia Alexandriana Thugga ;* Aïn-Tounga, la *civitas Thignicensis,* s'appelle sous Alexandre-Sévère : *municipium Septimium Aurelium Antonianum Alexandrianum Herculeum Frugiferum Thignica*. Le titre est long, mais c'est que la reconnaissance de la ville est sans bornes !

Du caractère de l'administration municipale des cités africaines, on peut conclure à celui de leurs monuments publics. Plus ou moins grandioses et riches, suivant les cas, ils se ressemblent tous, étant partout calqués sur ceux de Rome.

Le caractère tout romain des villes africaines s'accuse dès l'entrée. La porte est toujours un arc de triomphe, dressé en l'honneur d'un empereur ou, plus rarement, d'une cité. Les monuments de ce genre sont très nombreux en Tunisie et présentent une grande variété de types, que l'on peut ramener à quelques catégories. Tantôt, comme à Aïn-Tounga, ce sont de simples portes monumentales sans épaisseur, avec un arc simple, sans ordre d'architecture. D'autres plus ornés présentent, de part et d'autre de l'arc, des pilastres comme à Teboursouk, ou bien une colonne engagée comme à Althiburus (Medeïna) et à Aphrodisium, ou encore deux colonnes engagées supportant le fronton, comme à Maktar, à Hammam-Zouakra, à Bordj-Abd-el-Me-

Berger-Levrault et Cie, Éditeurs.

VIII. — ARC DE TRIOMPHE DE CHAOUACH (*SUA*).

ek. La porte triomphale placée devant les temples de Sbeïtla et dédiée à Antonin et à ses fils adoptifs, Marc-Aurèle et Lucius Verus, se compose d'une grande arcade, accostée de deux autres plus petites avec quatre colonnes engagées d'ordre corinthien ; dans la même cité, l'arc de Constantin se rattache à un type très élégant dont on peut citer de nombreux exemples en Tunisie, à Haïdra, à Tounga, à Dougga, à Maktar. Il présente un grand arc, flanqué parfois de deux petites portes pour les piétons, tandis que l'ouverture centrale donne passage aux chars et aux cavaliers. La façade est ornée de deux couples de colonnes saillantes, avec ou sans pilastres, qui encadrent des niches contenant des statues impériales. Sur le faîte du monument se dressaient des statues, ou un quadrige.

Après avoir traversé l'arc de triomphe qui se dresse à l'entrée, l'on suit une voie romaine dallée et bordée de trottoirs et l'on arrive au centre de la cité, au forum ; dans les colonies militaires, comme Thamugadi (Timgad) en Algérie, construites tout d'un coup et de toutes pièces sur un plan nettement arrêté d'avance, il a la forme d'un rectangle placé à l'intersection de deux grandes artères qui traversent la cité de part en part, aboutissant aux portes principales, le *cardo maximus*, dirigé du sud au nord, et le *decumanus maximus*, perpendiculaire au premier. Dans les villes existant avant l'arrivée des Romains, c'est la place publique la plus fréquentée qui se transforme peu à peu, s'entoure de portiques, de boutiques, à l'image du Forum romain. Mais, classique ou non, chaque cité avait son forum ; ici, ce sont les textes épigraphiques qui nous en révèlent l'existence, comme à Henchir-Oudka, à Pupput ; là, les restes des portiques et des temples adjacents nous en désignent la place sur le terrain ; le déblaiement de plusieurs d'entre eux a déjà été tenté, à Gighthis, à Zita, à Simitthu. En comparant les renseignements qui résultent de leur étude à ceux que nous fournit celui de Timgad, l'un des plus complets et des mieux conservés que nous connaissions, nous pouvons nous représenter l'aspect du forum d'une petite ville africaine.

Il se compose essentiellement d'une aire dallée, surélevée, à laquelle on accède par un escalier et autour de laquelle court un portique à colonnes. C'est un lieu de réunion pour les habitants de la ville ; les désœuvrés viennent s'y promener, flâner sous les arcades en causant des nouvelles locales, jouer à la marelle sur le bord des trottoirs. C'est aussi, comme à Rome, le siège de la vie politique de la cité. On y brigue les honneurs publics, on y fait les élections, on y lit les communications officielles, les magistrats y prêtent serment, et le gouverneur de la province y tient ses assises. On y rend la justice, on y règle les affaires d'argent ; c'est là que se donnent les grandes fêtes, les repas publics, avec sportules et distribution de cadeaux ; autour de la place se dressent les édifices appropriés à ces divers besoins : Bourse pour les commerçants, Basilique pour les juges, Trésor de la cité, Curie où se tiennent les séances du conseil municipal, école primaire tenue par le *litterator*, boutiques pour les changeurs, les marchands, et latrines publiques. Sans cesse, on orne, on agrandit, on répare le forum. Les inscriptions nous conservent le souvenir des citoyens qui ont fait construire à leurs frais les escaliers qui donnent accès à la place, qui l'ont entourée de trottoirs, qui ont embelli et complété ses portiques, ses rostres et son tribunal. On y dresse des statues aux empereurs et aux princes de la famille impériale, aux gouverneurs de la province, aux patrons du municipe ou de la colonie, à tous les personnages qui pouvaient l'aider de leur influence, et aussi aux simples citoyens qui lui faisaient honneur, s'étant illustrés dans les armes, l'administration ou les lettres.

Ces œuvres d'art sont dues à l'initiative de la cité ou de simples particuliers. Selon que la dépense est supportée par le budget communal ou par une bourse privée, le conseil des décurions vote les fonds nécessaires, ou se contente d'autoriser l'érection de la statue et de fournir l'emplacement : *Locus datus decreto decurionum*. Une inscription honorifique rappelle toujours le souvenir de cet acte de munificence.

Toutes ces bases, ces édicules, ces statues encombraient le forum au point que l'on était parfois obligé de les déménager. Les Byzantins d'Afrique puisèrent à pleines mains dans ces admirables carrières de pierre, où ils trouvaient à profusion de superbes blocs tout équarris, pour construire leurs citadelles hâtives. Partout où ils ont passé, le forum est dépouillé et l'on ne peut guère espérer y découvrir autre chose que le dallage de la place centrale et le tracé des portiques ; c'est dans les murs de la citadelle ou du fortin voisin qu'il faut chercher, sous forme de pierres d'angle, de chambranles de portes et de clefs de voûte, les beaux piédestaux monolithes qui supportaient les statues du forum. De celles-ci, on ne trouve ordinairement plus trace, le marbre dont elles étaient formées ayant servi à faire de la chaux.

Aux abords du forum se dresse le temple dédié à la triade du Panthéon romain, Jupiter, Junon et Minerve. Le plus élégant et le mieux conservé de ces Capitoles africains est celui de Dougga. C'est un temple d'ordre corinthien. La dédicace à Marc-Aurèle et à Lucius Verus qui se lit encore sur la frise de la façade date approximativement l'édifice. L'on y accédait par de larges degrés, enfouis aujourd'hui. Un portique, composé de quatre colonnes en façade et de deux colonnes latérales, supporte le fronton triangulaire qui couronne le temple et précède la *cella*. La façade est intacte ; de la *cella*, au contraire, il ne reste plus que des débris. Elle était bâtie en petits matériaux recouverts d'un enduit de stuc, avec pilastres cannelés corinthiens, répondant à l'ordre du portique : seule la porte à crossettes, qui donnait accès dans l'intérieur du temple, est demeurée debout ; ses deux montants monolithes de 6^{m},50 de hauteur supportent un linteau immense sur lequel est gravé le nom des donateurs, Lucius Marcius Simplex et Lucius Marcius Simplex Regillianus. C'est un des rares exemples de porte de temple qui nous aient été conservés intacts. Le fond de la *cella*, où l'on a voulu voir à tort une restauration de l'époque chrétienne, est décoré de trois niches : celle du milieu demi-circulaire, les deux autres rectangulaires en plan et en élévation.

Le temple de Dougga est en partie masqué par des maisons arabes appelées à disparaître prochainement. Malgré cela, l'édifice est si admirablement situé, qu'on le voit de partout ; il domine toute la vallée de Teboursouk. Quand, montant à Dougga par le chemin d'Aïn-Hedja, on l'aperçoit à distance, profilant sur le bleu du ciel les fines silhouettes de ses colonnes et de son fronton grec doré par le soleil, on saisit dans toute leur beauté la sobre élégance et l'harmonie de ses proportions, rendues plus saisissantes encore par le contraste de ses lignes si pures avec l'amas de masures sombres et confuses qui s'étagent à ses pieds.

Berger-Levrault et Cie, Éditeurs.

IX. — CAPITOLE DE MEDEINA (*ALTHIBURUS*).

Peut-être était-ce aussi un Capitole que l'ensemble des trois temples de Sufetula (Sbeïtla), édifices conjugués, reliés l'un à l'autre par des arcades et précédés d'une place dallée où l'on pénétrait par une porte triomphale. Partout ailleurs en Afrique, la triade divine était adorée dans le même sanctuaire. Ici chaque divinité semble avoir eu son temple spécial, Jupiter au centre, Junon et Minerve à droite et à gauche ; mais ce n'est là qu'une hypothèse, car toute la partie antérieure des temples s'est écroulée. Les nombreux morceaux d'architecture entassés pêle-mêle dans les décombres permettent cependant de reconstituer par la pensée la disposition antique des façades. Le temple central, décoré d'un ordre composite d'une grande élégance, était plus élevé que les édifices adjacents, qui sont d'ordre corinthien. Chacun d'eux était précédé d'un portique tétrastyle supportant un entablement et un fronton triangulaire richement sculptés, tandis que les faces latérales et postérieures, encore debout, présentent simplement une série de pilastres ou de colonnes engagées.

Les *cellæ* des temples latéraux étaient décorées sur les côtés de niches rectangulaires, trois sur chaque face ; au fond une grande niche demi-circulaire formait abside. Les murs du sanctuaire principal sont nus et ne laissent apercevoir aucune trace de décoration.

Les temples de Dougga et de Sbeïtla sont les plus remarquables de tous ceux qui nous ont été conservés en Tunisie, mais toutes les villes antiques un peu importantes présentent des restes de sanctuaires analogues. Ils sont construits sur le modèle des édifices religieux de la Grèce et de Rome, et consacrés à des dieux du Panthéon gréco-romain, surtout Apollon et Diane, Hercule, Esculape,

Mercure, Vénus, *Liber Pater* et les Cérès, *Cereres*. Ils reproduisent presque toujours le même type ; qui en connaît un les connaît tous.

Beaucoup plus intéressants sont les sanctuaires, récemment étudiés, qui s'adressent aux dieux appartenant en propre à l'Afrique, et qui représentent l'union des diverses races du pays sur le terrain de la religion, union obtenue par une sorte de compromis. Les dieux africains par excellence sont : Cælestis, la Junon céleste qui succède à Tanit, et surtout Saturne, le seigneur Saturne, *Saturnus dominus*, qui n'est autre que le Baal Hâman carthaginois romanisé. Le culte de ces deux divinités est très populaire : innombrables sont les inscriptions et les stèles votives qui s'y rapportent.

Il semble qu'en général, au moins dans le principe, ils étaient adorés sur les hauts lieux, comme en Orient ; l'autel était placé au centre d'un enclos consacré, ou *temenos*, à ciel ouvert ; autour de la table où l'on immolait les victimes, taureaux, agneaux ou béliers, s'entassaient les stèles votives, dues à la piété des dévots. La région du Bou-Kournein et celle de Dougga abondent en monuments de ce culte. Tout autour de la montagne sacrée des Deux-Cornes, dans les petites cités blotties à ses pieds, à Neferis, à Maxula, à Hammam-Lif, à Bordj-Cedria, plus loin jusqu'à Oudna et à Nabeul, se rencontrent des sanctuaires du dieu, ou plutôt de ses émanations locales. Car chaque cité tenait à posséder son Saturne à elle, qui ne devait pas être confondu avec celui de la ville voisine. Le Saturne de Nabeul *Neapolitanus* n'était pas celui du Khangat *Sobarensis*. Tous deux semblent avoir occupé dans la hiérarchie des Saturnes un rang inférieur au dieu du Bou-

Kournein, le *Saturnus Balcaranensis,* dont le nom dissimule mal sous une désinence latine le Baal Karnein purement phénicien.

Au sommet du Bou-Kournein, Saturne n'avait qu'un autel dressé dans un *temenos*. Mais de la cime de la montagne sainte, on apercevait, à 100 kilomètres à l'ouest, un luxueux sanctuaire consacré au même dieu sur une autre montagne, celle de Dougga. Cet édifice, découvert et déblayé récemment par MM. Carton et Denis, a un plan très original. Il se dresse au bord d'une falaise escarpée qui limite vers l'est le plateau de Dougga, dominant au loin la vallée de l'Oued-Khalled et tout le cirque de montagnes qui l'entoure. Sur une terrasse, qui surplombe l'abîme et d'où l'on jouit d'une vue splendide, s'ouvre le *pronaos,* orné de colonnes corinthiennes ; une porte à double battant le sépare d'une cour intérieure, entourée d'un portique dont l'entablement porte la dédicace du temple, datée de 195. Au delà de ce *temenos* intercalé entre les deux parties constitutives du temple gréco-romain, le *pronaos* et la *cella,* se trouve le sanctuaire proprement dit, qui se compose de trois chapelles : celle du milieu, richement décorée de peintures et de stucs ouvragés représentant des pampres en relief, et précédée de *vestigia,* était sans doute réservée au dieu.

De l'autre côté de la ville de Dougga se dressait le sanctuaire de Cælestis, très ruiné aujourd'hui, mais offrant aussi d'intéressantes dispositions architecturales que des fouilles récentes ont permis de déterminer. Il se compose d'un petit temple, en belles pierres de taille soigneusement appareillées, au centre d'une cour dallée qu'entoure un portique demi-circulaire; cet hémicycle, fermé à l'extérieur par un mur continu en blocage, s'ouvre sur la cour par une colonnade supportant un entablement avec la dédicace. L'on pénétrait dans l'enceinte par deux portes latérales, placées aux extrémités de l'hémicycle, tandis que devant le temple régnait probablement une terrasse à galerie avec double rangée de colonnes.

Les sanctuaires païens de la Tunisie romaine remontent presque tous à l'époque des Antonins. On n'en construit plus guère à la fin du IIIe siècle; ils disparaissent à mesure que le christianisme se développe; les uns sont désaffectés, d'autres font place à de somptueuses basiliques chrétiennes, construites parfois à leurs dépens. Les ruines des basiliques se rencontrent fréquemment sur le sol de la Tunisie. Le nombre de celles qui ont déjà été reconnues est considérable : il s'accroît chaque jour, à mesure que l'exploration archéologique du pays se complète. Elles sont de toutes les tailles, elles affectent toutes les formes, depuis l'humble église de village, qui reproduit le plan de la basilique païenne, rectangulaire avec une abside dans le fond et deux rangées de colonnes séparant la nef des bas côtés ; depuis les chapelles trifoliées, comme celles de Ksar Hellal, dans la vallée de la Siliana, d'Henchir-Damous, près de Fernana, et de Sidi-Mohammed-el-Djebioui, ou quadrifoliées, comme celle de Maâtria, jusqu'à l'immense basilique métropolitaine de Damous-el-Karita, dont les ruines, rasées à la surface du sol actuel, ont été découvertes à Carthage par le Père Delattre.

Celle-ci est orientée du sud au nord : elle est rectangulaire et mesure 65 mètres de long sur 45 de large. Elle a neuf nefs parallèles séparées par des colonnes, particularité remarquable qui appelle la comparaison avec le plan habituel des mosquées; au sud-est est une abside ornée

Berger-Levrault et Cie, Éditeurs.

X. — BASILIQUE CHRÉTIENNE D'ENCHIR-RHIRIA.

d'une mosaïque où l'on voit des vases et divers ornements géométriques. Une sorte de transept, d'une disposition très curieuse, placé à une quinzaine de mètres en avant de l'abside, au lieu de lui être contigu, forme une croix latine avec la grande nef qu'il coupe à angles droits; il est limité de chaque côté par une colonnade et terminé lui-même à l'est par une abside, qui a été reportée plus tard en avant dans le transept même. Il représente probablement la nef d'une église primitive, orientée selon l'usage de l'est à l'ouest avec abside à l'est, qui aurait été ensuite incorporée dans la grande basilique.

Les dépendances comprennent : une sorte d'atrium à ciel ouvert, bordé d'un portique en hémicycle, et présentant en son milieu la trace d'une fontaine qui servait aux ablutions des fidèles; une chapelle funéraire, en forme de trèfle, dont chaque absidiole renfermait une tombe de martyr; un baptistère et des sacristies.

Plus moderne de dimensions et plus simple de plan, mais beaucoup mieux conservé, est le Dar-el-Kous au Kef, la basilique de Saint-Pierre de Sicca Veneria, que le Service des antiquités vient de faire déblayer et d'identifier. Derrière la façade à trois portes s'étend le narthex qui donne entrée dans l'église proprement dite par trois arceaux, débouchant sur la nef principale et sur les bas côtés. Au fond de la nef, sous un arc en plein cintre soutenu par deux colonnes, s'ouvre une grande abside avec cinq niches, recouverte par une demi-coupole à côtes. A droite et à gauche de l'abside sont deux petites chambres rectangulaires qui servaient sans doute de sacristies. La nef était recouverte en charpente, les bas côtés avaient des voûtes d'arête, reposant sur des colonnes et non sur des piliers. Le sol était pavé d'une mosaïque à dessins géométriques dont il subsiste des fragments intéressants.

La basilique, qui semble remonter au début du ve siècle, est construite avec des matériaux empruntés à des monuments antérieurs, notamment à un temple de la *Piété Auguste*. Les bases et les chapiteaux des colonnes sont de provenances très diverses : pour faire les linteaux des portes, on a débité, entre autres, l'architrave qui couronnait auparavant le portique du temple païen, et que rendent très reconnaissable les élégants soffites et la dédicace, mutilée mais très apparente, qu'elle présente encore. Le fait, d'abord assez rare, dont le Dar-el-Kous du Kef nous fournit un exemple remarquable, devient de plus en plus fréquent à l'époque byzantine. Les basiliques des vi^e^ et viie siècles sont presque toutes faites de pièces et de morceaux disparates ; les murs de la petite basilique où furent enterrés les évêques Rutilius et Germanus, à Maktar, sont une véritable mine d'antiquités, d'où M. Bordier a déjà extrait nombre de sculptures et de textes intéressants.

A côté des édifices publics affectés à la vie politique et religieuse de la cité, d'autres, aussi nombreux et plus luxueux encore, étaient consacrés aux plaisirs et aux délassements des habitants. Les Romains de la Tunisie, comme ceux de la Ville éternelle, ne pouvaient se passer de jeux et de spectacles, représentations dramatiques, combats de gladiateurs, luttes d'athlètes, mimes, courses de chevaux surtout, ou même de chameaux. Les moindres bourgades ont leur théâtre, leur cirque, leur hippodrome. Ces édifices se bornent, en général, à reproduire les plans et les dispositions de types gréco-romains très connus ; ils n'offrent, au point de vue architectural, rien de bien nouveau ni de particulière-

Berger-Levrault et Cie, Éditeurs.

XI. — L'AMPHITHÉATRE D'EL DJEM (*THYSDRUS*).

Berger-Levrault et Cie, Éditeurs.

XII. — L'AMPHITHÉATRE D'EL DJEM (VUE INTÉRIEURE).

ment intéressant, mais ils étonnent par leur nombre, leur richesse, leurs proportions grandioses. Le plus colossal, en même temps que le mieux conservé, l'amphithéâtre d'El-Djem, se dresse au sommet d'une colline qui domine au loin toute la plaine environnante ; il écrase de sa masse gigantesque le misérable village arabe construit à ses pieds avec ses débris. Presque aussi grand que le Colysée de Rome, auquel il ressemble beaucoup, il décrit une vaste ellipse dont le grand axe mesure 150 mètres environ, le petit 125. A l'intérieur, l'arène a 65 mètres de longueur sur 52 de large. L'amphithéâtre est extérieurement décoré d'arcades ; elles étaient primitivement au nombre de 60, séparées par des colonnes d'ordre corinthien aux premier et troisième étages, et d'ordre composite au second. Un attique décoré de pilastres, qui surmontait le troisième étage, n'existe plus aujourd'hui. La hauteur maxima de ce qui reste atteint 33 mètres jusqu'au sol actuel, qui est à 3 mètres au-dessus du sol antique. L'intérieur du monument a beaucoup souffert ; les escaliers servant de communication se sont effondrés ; les gradins descendant de la première galerie ont disparu également. Malgré cela, l'aspect grandiose et la belle ordonnance de l'ensemble suffisent à produire une impression saisissante de grandeur et de force.

C'est au contraire par l'élégance de ses proportions et la grâce de son ornementation que se distingue le théâtre de Dougga, récemment déblayé par le Dr Carton. Il est admirablement conservé. Les vingt-cinq rangées de gradins de l'hémicycle sont presque toutes intactes. Elles ont conservé toute la vivacité de leurs arêtes, la coupe du ciseau des tailleurs de pierre apparaît aussi nette que si l'édifice venait d'être inauguré. Les gradins, adossés à la montagne, étaient couronnés par un beau portique d'où l'on embrassait d'un coup d'œil l'ensemble de la salle : l'orchestre, pavé de mosaïque et encombré de bases honorifiques supportant des statues ; la scène, richement ornée ; le mur de fond avec ses trois absides, ses portes, ses escaliers, ses colonnades, et, par-delà, l'admirable panorama qu'offrait la vallée de l'Oued-Khalled, avec ses villas étagées et ses jardins au premier plan, ses champs de blé, ses forêts d'oliviers, ses bourgades éparses dans le lointain, et le cirque de montagnes bleuâtres qui fermait l'horizon. Un autre portique, placé en arrière de la scène, se composait de colonnes corinthiennes d'une grande élégance, supportant une architrave sur laquelle était gravée la dédicace que voici, telle que nous l'ont fait connaître les fouilles du Dr Carton : « L. Marcius Quadratus, pour célébrer son élévation aux fonctions de flamine perpétuel et pour remercier ses concitoyens, a construit à ses frais un théâtre, avec portique, scène, escalier, promenoir et tous les accessoires qui l'ornent ; en outre, le jour de l'inauguration, il a fait une distribution de vivres et donné une représentation théâtrale, des jeux de gymnase et un festin. »

C'est donc à la générosité d'un seul citoyen qu'était dû ce magnifique ensemble ; il en est de même pour presque tous les édifices de Dougga. Le temple du Capitole avait été construit par L. Marcius Simplex Regillianus ; le temple de Saturne, par L. Octavius Victor Roscianus ; le temple de Cælestis, par Q. Gabinius Rufus Felix Beatianus Liberalis ; l'hippodrome, par M. Æbutius Honoratus et P. Sabonius Institor. Ce fait n'est pas particulier à Dougga, il se reproduit dans toutes les autres cités africaines ; il y avait entre elles comme une émulation de magnificence ; chacun voulait que sa ville fût la plus somptueuse, qu'elle

Berger-Levrault et Cie, Éditeurs.

XIII. — SCÈNE DU THÉATRE DE DOUGGA (*THUGGA*).

eût plus grand air que ses voisines : tous s'appliquaient, dans la mesure de leurs ressources, à l'embellir et à l'orner. Les plus riches font construire un temple, un cirque, un théâtre; d'autres, moins fortunés, se contentent d'une chapelle, d'une porte triomphale, d'une exèdre sur le forum ou d'une modeste fontaine. L'abondance et le luxe de ces monuments supposent une richesse inouïe. Ils indiquent le merveilleux degré de prospérité auquel était parvenue la province d'Afrique sous la domination romaine.

Et ce n'est pas seulement dans le décor extérieur des cités et dans les monuments publics que cette richesse se manifeste, c'est aussi dans tout ce qui a rapport aux habitations privées et aux détails de la vie de tous les jours. Comme les Anglais de nos jours, les Romains de Tunisie aimaient le confort. Partout où ils s'établissaient, ils savaient se procurer le bien-être matériel qui leur était indispensable, et les jouissances artistiques qui donnent du prix et du charme à la vie. A ce point de vue, nous aurions beaucoup à apprendre à leur école. Nos fermes ne sauraient à aucun degré soutenir la comparaison avec ces somptueuses villas dont les mosaïques de la ferme Godmet à Tabarka, celles de Pompeïanus à l'Oued-Athménia, en Algérie, donnent une idée suffisamment précise; celles que j'ai récemment déblayées à Oudna sont d'une étonnante richesse.

A Carthage, les demeures étaient hautes et souvent à plusieurs étages. La maison romaine d'Enchir-Chett n'en a qu'un; les villas d'Utique, d'Hadrumète, d'Uthina n'offrent généralement qu'un simple rez-de-chaussée. Leur plan rappelle celui des habitations gréco-romaines de Pompeï, avec quelques modifications qui annoncent déjà les dispositions de la maison mauresque de nos jours.

La porte d'entrée, ordinairement encadrée par deux colonnes doriques engagées, donne accès dans une première pièce dallée de grandes dimensions, comme la *driba* tunisienne qui sert de salle de réception pour les étrangers. Elle est isolée du reste du logis, avec lequel elle ne communique que par une seconde porte intérieure.

Les appartements privés sont distribués autour d'une cour centrale rectangulaire, ornée de fontaines, d'arbustes et de fleurs, et ceinte d'un péristyle ou portique couvert aux colonnes peintes et stuquées. Les divers corps de logis se décomposent en une série d'*atria* dont les dispositions sont loin d'être uniformes. Tantôt ils conservent la forme romaine classique : grande salle à *impluvium,* entouré d'un portique, sur lequel s'ouvrent le *tablinum* et les deux *alæ ;* tantôt les deux ailes subsistent seules de part et d'autre de l'atrium, ou bien encore elles disparaissent, elles aussi, et sont remplacées par une antichambre et une exèdre en forme d'abside.

La décoration de ces appartements de maîtres est des plus riches, des plus variées. Les pavements sont formés de mosaïques précieuses, souvent en pâtes de verre émaillées ou dorées : les murs sont revêtus de marbres multicolores découpés avec art, encadrant des fresques et des peintures à l'encaustique ; les plafonds et les voûtes, que soutiennent des colonnes polychromes, sont en stucs ouvragés, ciselés au fer comme les *noukch-hadida* mauresques, mais où les rinceaux, les pampres, les figures gracieuses de génies et d'amours remplacent le décor géométrique un peu froid, imposé par l'Islam.

Partout l'air et la lumière circulent librement, tandis que des eaux vives, jaillissant de fontaines dans des vasques en marbre, alimentent des bassins ouverts de formes variées et assurent la fraîcheur des appartements pendant les ardeurs de l'été.

Les salles de bains sont un des éléments essentiels de l'habitation romaine en Afrique : elles se trouvent parfois groupées dans un pavillon spécial, comme les thermes privés des Laberii à Oudna. Le centre de la construction est occupé par un vaste hall voûté, divisé en compartiments par des colonnes de marbre ; il est pavé de mosaïque, décoré de fresques et orné de statues : lieu de réunion, de promenade et de repos, il donne accès aux piscines d'eau froide et aux bassins de natation, tandis que d'autres salles, où l'on passe successivement par les divers degrés de chaleur humide, comme dans nos hammams actuels, sont réservées aux bains de vapeur. Diverses pièces plus petites, rondes, barlongues ou carrées, avec galeries, portiques et absides, servent aux divertissements, aux entretiens, aux jeux, à la promenade, à tout ce qui fait du bain l'une des occupations les plus absorbantes et les plus compliquées de la vie antique.

De nombreuses dépendances, aux toits pointus, recouverts de tuiles rouges, comme nos fermes françaises, entourent la maison du maître : elles sont habitées par les intendants, les fermiers, le chef du troupeau et le forestier[1] ; les serviteurs et les esclaves s'abritent tant bien que mal sous de misérables gourbis en chaume. Puis viennent les bâtiments de l'exploitation rurale, les écuries, souvent fort élégantes, pour les chevaux de course, de selle, de trait ou de labour,

1. *Pecuarii locus, saltuarii janus,* disent les mosaïques de l'Oued-Athménia.

les étables pour les bestiaux ; les pressoirs à olives aux proportions monumentales, dont les restes innombrables peuplent aujourd'hui les vastes solitudes de l'ancienne Byzacène ; les moulins à farine, les cuves pour fouler le raisin, les celliers et les magasins où l'on retrouve parfois encore en place les amphores à deux anses qu'on remplissait d'huile ou de vin et les énormes jarres qui servaient à conserver les céréales.

Au luxe des demeures que les Romains d'Afrique habitaient pendant leur vie, correspond celui des tombeaux qui recevaient leur dépouille mortelle. Chez eux, la cité des morts n'a rien à envier à celle des vivants. Les plus déshérités n'ont pas de plus grand souci que d'assurer le repos de leurs cendres, soit dans un de ces vastes colombaires construits à frais communs par des associations de petites gens, et où chaque membre de la confrérie a droit, après sa mort, à une niche et à un ossuaire, soit de préférence dans une tombe isolée, où l'on puisse déposer, à côté du défunt, une lampe, quelques vases et fioles à parfums, des bijoux et des amulettes, tout un mobilier funéraire qui lui appartienne en propre. Le nombre de ces monuments funéraires est infini, comme aussi la variété de leurs types. L'on en rencontre de tous genres dans les nécropoles romaines d'Afrique : humble caisson en blocage, surmonté d'une stèle qui indique le nom et l'âge du défunt ; cippes ou autels en pierres de taille, souvent ornés de bas-reliefs ; mausolées superbes en forme de temples ou de tours, dont les restes grandioses se retrouvent dans des contrées aujourd'hui désertes.

Tel est, par exemple, le mausolée d'El-Amrouni, découvert en 1894 par le lieutenant Lecoy de la Marche, dans

Berger-Levrault et Cie, Éditeurs.

XIV. — MAUSOLÉES DE SIDI-AÎCH (*GEMELLAE*).

l'extrême sud tunisien, plus loin que Tatahouine, sur l'ancienne voie romaine de Carthage à Ghadamès. C'était une tour carrée de 16 mètres de hauteur, à deux étages surmontés d'une pyramide, et reposant sur un soubassement à quatre assises avec caveau voûté. Sur la face principale s'ouvrait la porte d'entrée du caveau. Au-dessus était figuré en bas-relief, entre deux pilastres corinthiens, le portrait du défunt et de sa femme ; puis venait l'épitaphe, rédigée en deux langues, en latin et en néopunique. Les trois autres faces du monument étaient ornées de deux séries de trois bas-reliefs, se répondant deux à deux, et représentant chaque fois le même mythe sous des formes différentes : Orphée charmant les animaux ; Orphée enlevant Eurydice aux enfers ; Hercule ramenant Alceste du séjour des morts : sujets de circonstance qui impliquent la foi dans une vie future, l'espérance d'un prompt revoir et d'une réunion éternelle, après la séparation momentanée du tombeau.

Le défunt dont ce mausolée magnifique abritait les restes n'avait pourtant rien de bien illustre. Il ne semble pas avoir jamais exercé aucune fonction publique, aucune magistrature locale. Ce n'était pas un personnage officiel : ce n'était même pas un Romain de naissance. La langue latine lui était moins familière que le parler carthaginois : dans son épitaphe, le texte latin, criblé de barbarismes, est calqué sur l'inscription néopunique dont il paraît n'être que la traduction. D'ailleurs, si le nom du défunt, Q. Apuleius Maximus, et celui de ses trois fils, Pudens, Severus, Maximus, appartiennent à la nomenclature romaine, sa femme s'appelle Thanubra, son père Juzalân, son grand-père Jurathân, et ces mots de physionomie berbère suffisent à trahir l'origine indigène de toute cette famille.

Ce Liby-Phénicien, dont les ancêtres menaient probablement la vie nomade, s'était donc empressé, en se fixant au sol, d'adopter, au moins en apparence, les mœurs et la langue, les croyances religieuses et les goûts artistiques des maîtres du pays. Son ambition devait être d'arriver à leur ressembler si exactement qu'il pût être pris pour l'un des leurs. En cela, il ne faisait que suivre le mouvement général qui entraînait spontanément ses compatriotes vers la civilisation latine. Tous se sentent attirés vers elle et subissent son prestige, en raison directe de leur culture intellectuelle. Tandis que le bas peuple reste fidèle aux vieux usages, les jeunes gens de la bourgeoisie aisée et de l'aristocratie locale, que l'on prépare aux carrières libérales et aux grandes fonctions publiques, se romanisent rapidement. Leurs études littéraires, commencées dès l'école primaire et perfectionnées à Carthage, l'enseignement des rhéteurs et les leçons des philosophes préparent et facilitent leur assimilation. A force de parler la langue du vainqueur, de lire les chefs-d'œuvre de sa littérature et de les imiter, ils s'habituent aussi à sa façon de vivre : bientôt ils n'en admettent plus d'autre, et, reniant leur origine punique ou libyque, ils cherchent à la dissimuler, en donnant à leur nom une forme latine.

A en juger par les épitaphes des nécropoles, il ne mourait que des Romains en Afrique ! Sur les inscriptions funéraires, on ne trouve que *Julii, Cæcilii, Claudii, Ælii,* noms d'anciennes *gentes* italiques encadrés, suivant la règle, entre un prénom et un surnom empruntés à la nomenclature latine. Ces *tria nomina* ne sont, il est vrai, pas toujours absolument corrects. Souvent une omission, un double emploi, une inversion irrégulière nous permettent de surprendre un Africain de race en flagrant délit d'usurpation de

Berger-Levrault et Cie, Éditeurs.

XV. — MAUSOLÉE D'ENCHIR GUERGOUR.

nationalité. Tantôt deux frères ont le même prénom, tantôt au contraire le prénom fait défaut, ce qui pourrait, il est vrai, se produire même à Rome. Mais parfois il n'y a pas de gentilice, ce qui est contraire à toutes les règles ; beaucoup d'Africains ne portent que le surnom qui leur est propre, en le faisant suivre de celui de leur père, ou même, comme dans l'inscription d'El-Amrouni, de celui de leur aïeul. Ces noms gardent souvent, même quand ils se déclinent à la mode romaine, une physionomie toute libyque ou berbère : ainsi *Baric,* génitif *Baricis,* n'est autre que le mot phénicien *Baric,* si fréquent sur les stèles votives de Carthage, où il exprime l'idée de bénédiction ; *Sisso, Sissoï, Sissonia,* génitif *Sissonies,* sont tous dérivés de *Sis,* nom propre relevé sur quelques textes libyques. Il arrive plus fréquemment que le nom indigène soit traduit en latin : de même que *Saturnus* représente le dieu Baal, le cognomen *Saturninus* doit être considéré comme la traduction synthétique de tous les noms carthaginois dans lesquels le mot Baal entre, soit comme préfixe, soit comme désinence : Baalmelek ou Hannibaal ; *Donatus, Adeodatus,* surnoms si populaires en Afrique et qu'on retrouve à peine dans les autres contrées de l'empire, expriment la même idée que les mots puniques *Iatan* et *Mattan,* correspondant au français : *Dieudonné.* D'une façon générale, les Africains choisissent plutôt des noms qui ont une signification religieuse ou morale, qui expriment une idée de bonheur, de supériorité, qui sont d'un heureux présage, comme *Faustus, Felix, Fortunatus, Victor,* alors que les Romains d'origine préfèrent les sobriquets qui ne servent qu'à fixer les traits caractéristiques de la physionomie ou de la vie des individus *Cicero, Brutus, Torquatus.*

En fait, malgré les apparences, l'onomastique africaine est fondée sur un principe absolument contraire à celui de l'onomastique romaine. L'une rattache l'individu à la famille, l'autre l'en isole au contraire. Ici, c'est le gentilice que l'on s'attache d'abord à faire ressortir, puis le prénom qui permet de distinguer entre eux les membres de la même famille : là c'est le surnom personnel, le *cognomen*, qui ne se transmet pas de père en fils.

Les irrégularités dont on a cité plus haut quelques exemples, s'expliquent donc par la réaction des tendances individualistes, innées aux populations liby-phéniciennes et berbères, contre le traditionalisme romain. Mais le prix que nous y attachons, en tant qu'indices révélateurs du véritable caractère de l'onomastique africaine, ne doit pas nous faire oublier qu'elles ne se rencontrent, en somme, que rarement. Ce sont des exceptions. Les Africains, surtout ceux des hautes classes, portent en général des *tria nomina* parfaitement corrects. Ceux qui, avant la promulgation de la *Constitutio Antonina,* qui fit citoyens romains tous les habitants libres de l'empire, avaient obtenu de la faveur impériale le droit de cité romaine, font suivre sur les inscriptions leur nom de l'indication de la tribu où ils ont été inscrits. Les plus riches, possédant le cens équestre fixé par Auguste à 400,000 sesterces, reçoivent parfois le brevet de chevalier, *equites equo publico ab imperatore exornati,* et sont inscrits par l'empereur, à titre honorifique, sur la liste des jurés répartis dans les cinq décuries judiciaires, *in quinque decurias allecti.* Voici, par exemple, un certain C. Attius Alcimus Felicianus, que nous fait connaître une dédicace trouvée dans les ruines de la cité où il était né, Enchir-Fraxine, près de Thuburbo Majus. Ce personnage entra dans l'administration impériale comme avocat du fisc, exerça diverses procuratèles en Italie et dans les provinces, et revint enfin à Rome où il fut chargé des trois grandes préfectures des vigiles, du prétoire et de l'annone. Rien dans son nom, ni dans son *cursus honorum* ne nous renseigne sur sa véritable nationalité. Seul, le contexte de la dédicace nous empêche de confondre avec un Romain d'origine ce parvenu de petite ville africaine. Dans la plupart des cas, il n'est pas possible de faire cette distinction.

L'on conçoit donc que les milliers d'inscriptions découvertes en Afrique aient pu faire illusion sur le nombre des Romains immigrés. En réalité, ils n'ont jamais été qu'une très faible minorité. Le compte est vite fait de ceux que leurs affaires ou leurs fonctions amenaient à s'établir temporairement ou à se fixer dans le pays.

Ce sont d'abord les fonctionnaires impériaux. Le gouverneur de la province est presque toujours un étranger; mais si, dans les premiers temps de l'Empire, il est généralement choisi parmi les membres des *gentes* les plus illustres de Rome, les *Cornelii*, les *Domitii*, les *Fabii*, les *Calpurnii*, il s'en faut de beaucoup qu'il soit toujours né à Rome ou même en Italie: Marius Priscus est originaire de Bétique, M. Junius Rufinus Severianus, de Gaule; M. Ulpius Arabianus, de Palestine; Q. Lollius Urbicus, de Numidie.

Le gouverneur amène avec lui ses lieutenants, ses questeurs et sa suite; il les choisit parmi ses amis et ses parents, c'est-à-dire parmi ses compatriotes, Romains ou non. Le personnel des bureaux du proconsul se compose d'affranchis et d'esclaves impériaux, Grecs pour la plupart. Les fonctionnaires de tous grades qui représentent le pouvoir central, les procurateurs impériaux, qui veillent aux intérêts privés du prince et gèrent ses domaines sont envoyés d'Italie, mais sans en être nécessairement originaires.

Outre les fonctionnaires, l'Afrique reçoit de Rome des colons : ce sont, d'ordinaire, des vétérans auxquels on assigne des lots de terrain sur le territoire de cités déjà constituées, de postes militaires ou de nouveaux centres de colonisation ; ce sont aussi les fermiers, contremaîtres, les ouvriers d'art, les travailleurs de choix, que l'empereur envoie dans ses carrières, ses mines, *metalla*, ses exploitations agricoles, *saltus*. Mais ces immigrants, venus de provinces très diverses, ne sont jamais assez nombreux pour modifier le caractère ethnographique de la population où ils sont versés et dans laquelle ils arrivent rapidement à se fondre.

A côté des colons officiels, il ne faut pas oublier ceux qui sont venus dans le pays de leur propre initiative. Dans les campagnes, la plupart des grandes propriétés sont aux mains de capitalistes de Rome; l'empereur d'abord, puis de hauts fonctionnaires, ayant profité de leur passage en Afrique et des facilités que leur procurait leur situation officielle pour acheter à bon compte d'immenses domaines. Mais ils les exploitent rarement eux-mêmes : ils demeurent à Rome et font gérer leurs biens par des intendants, affranchis et esclaves cosmopolites, qui emploient la main-d'œuvre indigène. Dans les villes se presse la tourbe des manieurs d'argent, banquiers, marchands de biens, courtiers, spéculateurs en blé, établis dans le pays dès avant la conquête. Tous se réclament de Rome dont ils ont besoin; mais, parmi eux, combien peu sont vraiment originaires de la Ville éternelle ! Ils se perdent dans la masse des Grecs, des Alexandrins, surtout des Juifs, qui forment à Carthage et sur toute la côte des groupes importants.

Ainsi, contrairement à ce que l'on répète trop souvent, l'Afrique n'a jamais été pour les Romains une colonie de peuplement, mais bien plutôt, disons le mot, une colonie de fonctionnaires. C'est une poignée d'hommes qui a changé la face de l'Afrique, mais ces hommes formaient une élite. Leur valeur individuelle compensait leur infériorité numérique. La force qui leur était nécessaire pour agir, l'autorité indispensable pour faire accepter leur volonté par une population vingt fois supérieure en nombre, ils la tiraient les uns de leur fortune, les autres de leurs fonctions, tous du prestige du nom romain.

Ce prestige dépendait lui-même de deux conditions : l'union étroite avec Rome des cités africaines, isolées entre elles ; l'existence au-dessus de ces monades municipales d'un pouvoir central fortement organisé, obéi d'elles, mais dévoué à leurs intérêts.

Tant que le régime municipal des cités africaines se développe d'accord avec le pouvoir impérial et sous sa direction, la domination romaine progresse en Afrique et, avec elle, la prospérité du pays. Elle atteint son apogée sous le règne des premiers empereurs africains, à l'époque des Sévères, après ces deux longs siècles de *paix romaine,* les plus heureux que l'humanité ait jamais connus. C'est alors le plein épanouissement de la Tunisie romaine. L'occupation du pays est parfaite. La frontière, reculée de proche en proche, atteint le désert. A l'abri des postes militaires du *limes,* la Byzacène achève de se peupler. L'antique Capsa, si longtemps isolée au milieu de déserts, voit grandir à ses côtés des cités florissantes, Ammædara, Thelepte, Sufetula, Cillium, qui rivalisent de splendeur avec les opulents *emporia* de la côte.

Sur les plateaux, jadis incultes, qui l'entourent, s'étend maintenant l'immense forêt d'oliviers qui devient pour les régions du sud ce que sont déjà pour le nord la vigne et les céréales : une source inépuisable de richesses. La mise en valeur du sol, pourvu de ses organes essentiels et fécondé par le travail des hommes, est désormais complète. Le luxe des cités qui surgissent de tous côtés, le nombre et la beauté de leurs édifices attestent les merveilleux résultats de cette exploitation.

Mais si les Africains créent des vignobles et plantent des oliviers, cultures à longue échéance, s'ils emploient des capitaux considérables à des travaux d'utilité publique dont les bienfaits ne sont pas immédiatement appréciables, s'ils consacrent leur fortune à embellir leurs cités de monuments que l'on met des années à construire, c'est qu'ils ont confiance dans l'avenir : ils se croient sûrs de récolter eux-mêmes ce qu'ils ont semé, ou de faire bénéficier leurs descendants du fruit de leur labeur.

Le principal ressort de leur activité si féconde, c'est le sentiment de la sécurité dont ils jouissent, et qu'ils doivent à Rome. C'est elle qui leur a donné et qui maintient la paix ; en échange de ce bien d'un prix inestimable, l'obéissance qu'elle leur demande, ne peut que leur paraître douce. Ils se soumettent sans arrière-pensée : du passé, ils ne regrettent rien ; ils n'attendent aucun changement de l'avenir. Pour l'empereur, qui personnifie à leurs yeux la nation conquérante, ils n'éprouvent qu'un sentiment de respectueuse reconnaissance, et ces milliers de dédicaces que l'on retrouve dans les moindres bourgades, ces inscriptions consacrées aux dieux pour le salut de l'empereur, *pro salute et incolumitate imperatoris*, ne contiennent pas seulement de vaines formules, des mots vides de sens : les vœux qu'elles expriment, pour revêtir un caractère officiel, n'en sont pas moins sincères et quelquefois touchants.

A l'époque des Sévères, l'Afrique est romaine de cœur autant que d'apparence. Elle vit heureuse sous le protectorat de Rome; il semble qu'elle sente d'instinct que tout ce qui viendrait affaiblir ce régime, dont l'expérience a prouvé la valeur, serait pour elle-même une cause de décadence. Aussi ne prend-elle, pour ainsi dire, aucune part aux troubles dont elle est le théâtre, à partir de 238. L'on se tromperait du tout au tout en attribuant aux menées d'un parti séparatiste africain, l'usurpation de Gordien, la révolte du proconsul Sabinianus, tant d'autres soulèvements qui se produisent dans le pays, dès le milieu du IIIe siècle. Ce ne sont là que les contre-coups des révolutions qui bouleversent l'empire, préparant l'œuvre de centralisation monarchique qui s'accomplit au IVe siècle, de Dioclétien à Constantin. L'Afrique ne fait que les subir; elle est la première à en souffrir : leurs causes lui sont étrangères, leurs conséquences ne peuvent lui être que funestes. La haine personnelle qui provoque, en 238, la lutte entre le proconsul et le légat de Numidie ne l'intéresse en rien, et c'est pourtant sur elle que Capellien, vainqueur de Gordien, fait porter le poids de sa vengeance. En quelques semaines, la province est dévastée, la richesse publique et privée anéantie. Encouragés par l'anarchie impériale, les ennemis du dehors débordent les frontières ; les incursions des nomades du sud et des tribus berbères, restées indépendantes dans les montagnes de Numidie, aggravent les désastres de la guerre civile. A l'intérieur même du pays, et dans chaque cité, la diffusion du christianisme sème la division, provoque les querelles intestines. La sécurité n'existe bientôt plus ni pour les biens ni pour les personnes.

L'empereur ne s'occupe plus d'assurer à ses sujets les bienfaits de la paix, mais seulement de les exploiter à son profit. Après avoir favorisé de tout son pouvoir l'extension du régime municipal, il en rend le fonctionnement impossible : il détruit l'autonomie des cités par l'intervention de ses curateurs dans la gestion de leurs finances ; il ruine les magistrats municipaux par les exigences sans cesse croissantes de son fisc. Les propriétaires fonciers, les membres de l'aristocratie locale, écrasés par les charges que le gouvernement leur impose, cherchent à s'y soustraire par l'émigration. Après avoir longtemps importé intelligences et capitaux, l'Afrique les exporte. Elle s'appauvrit intellectuellement et matériellement. La crise religieuse agit dans le même sens que la crise économique. Après s'être fait l'apôtre et le soutien de toutes les croyances, l'empereur scrute les consciences et persécute les chrétiens.

Ainsi ses intérêts s'opposent désormais sur tous les points, et de plus en plus, à ceux de l'Afrique. L'harmonie est détruite entre le gouvernement protecteur et le pays protégé. Le triomphe de la monarchie absolue achève la ruine de ce régime de protectorat qui a fait la grandeur de la Tunisie romaine.

Aussi, la décadence est-elle fatale, irrémédiable. Les périodes de calme que traverse encore l'Empire sous la tétrarchie, la Paix de l'Église et la Renaissance constantinienne ne marquent que des temps d'arrêt dans cette chute progressive. Dans les belles années du IVe siècle, l'Afrique s'efforce encore de panser les blessures des invasions, des guerres civiles, des persécutions religieuses; mais le ressort est brisé,

Berger-Levrault et Cie, Éditeurs.

XVI. — CITADELLE BYZANTINE DE TEBOURSOUK (*THUBURSICUM BURE*).

qui tendait toutes les forces vives du pays vers la marche en avant. Tout le progrès consiste à refaire l'œuvre du passé. L'on ne bâtit plus, on répare; on restaure les routes, les aqueducs, les barrages, on relève les temples, les curies, les portiques, on termine les édifices restés inachevés. Bientôt de nouveaux troubles amènent de plus grands désastres. Donatistes et iconoclastes, insurgés berbères et envahisseurs étrangers entassent ruines sur ruines. Pour défendre le pays, les Byzantins achèvent de le dévaster; leurs lourdes citadelles impériales, leurs châteaux forts aux tours crénelées, leurs réduits fortifiés et leurs postes de guet s'élèvent partout comme par enchantement, mais aux dépens des monuments anciens, même de ceux qu'avaient respectés les Vandales.

Puis vient la conquête arabe, le dépeuplement du pays, l'abandon, et l'œuvre de destruction commencée par les hommes est poursuivie d'une façon lente et sûre par la nature hostile. Son action malfaisante ne rencontre plus d'obstacles. Ce pays d'Afrique, où la vie n'est qu'une lutte perpétuelle contre les éléments, obéit désormais à un peuple qui subit la destinée au lieu de se l'asservir. Les Arabes n'ont presque rien détruit en Tunisie, mais ils n'ont rien entretenu; ils ont laissé faire le temps. Peu à peu les derniers travaux d'aménagement qui assuraient la mise en valeur du sol ont cessé de fonctionner. Délivrée de ses entraves, l'eau a recommencé ses érosions néfastes, auxquelles rien n'échappe. Que l'on y joigne l'action destructive de la chaleur et de la gelée, des vents, des tremblements de terre, et l'on comprendra comment la Tunisie est devenue le pays des ruines. Le protectorat romain l'avait faite riche et prospère; sa chute l'avait ruinée. Le protectorat français saura lui rendre son antique splendeur.

TABLE DES MATIÈRES

TABLE DES PLANCHES

Nancy, imp. Berger-Levrault et Cie.

www.ingramcontent.com/pod-product-compliance
Lightning Source LLC
Chambersburg PA
CBHW051719090426
42738CB00010B/1985

* 9 7 8 2 0 1 2 5 6 6 0 4 0 *